MIX
Papier aus verantwortungsvollen Quellen
Paper from responsible sources
FSC® C105338

Florian Thiele

Kommunikationsmanagement im Wandel durch Social Media

Berufsbild, Qualifikation und Tätigkeit 2.0

Diplomica Verlag GmbH

Thiele, Florian: Kommunikationsmanagement im Wandel durch Social Media:
Berufsbild, Qualifikation und Tätigkeit 2.0, Hamburg, Diploma Verlag GmbH 2013

Buch-ISBN: 978-3-8428-9765-6
PDF-eBook-ISBN: 978-3-8428-4765-1
Druck/Herstellung: Diplomica® Verlag GmbH, Hamburg, 2013
Covermotiv: © Mihai Simonia - Fotolia.com

Bibliografische Information der Deutschen Nationalbibliothek:
Die Deutsche Nationalbibliothek verzeichnet diese Publikation in der Deutschen
Nationalbibliografie; detaillierte bibliografische Daten sind im Internet über
http://dnb.d-nb.de abrufbar.

Das Werk einschließlich aller seiner Teile ist urheberrechtlich geschützt. Jede Verwertung
außerhalb der Grenzen des Urheberrechtsgesetzes ist ohne Zustimmung des Verlages
unzulässig und strafbar. Dies gilt insbesondere für Vervielfältigungen, Übersetzungen,
Mikroverfilmungen und die Einspeicherung und Bearbeitung in elektronischen Systemen.

Die Wiedergabe von Gebrauchsnamen, Handelsnamen, Warenbezeichnungen usw. in
diesem Werk berechtigt auch ohne besondere Kennzeichnung nicht zu der Annahme,
dass solche Namen im Sinne der Warenzeichen- und Markenschutz-Gesetzgebung als frei
zu betrachten wären und daher von jedermann benutzt werden dürften.

Die Informationen in diesem Werk wurden mit Sorgfalt erarbeitet. Dennoch können
Fehler nicht vollständig ausgeschlossen werden und die Diplomica Verlag GmbH, die
Autoren oder Übersetzer übernehmen keine juristische Verantwortung oder irgendeine
Haftung für evtl. verbliebene fehlerhafte Angaben und deren Folgen.

Alle Rechte vorbehalten

© Diplomica Verlag GmbH
Hermannstal 119k, 22119 Hamburg
http://www.diplomica-verlag.de, Hamburg 2013
Printed in Germany

Abstract

Facebook, Twitter & Co. beherrschen unseren Alltag. Nach eigenen Angaben hat Facebook mehr als 955 Millionen Mitglieder, es werden jeden Tag mehr als 400 Millionen Tweets gesendet und über vier Milliarden Videos auf YouTube angesehen. Social Media haben einen tiefgreifenden Einfluss auf die Gesellschaft und die Mediennutzung und sich dadurch zu einem relevanten Kanal für die professionelle Kommunikationsarbeit etabliert. Exemplarisch für die PR-Arbeit im Web 2.0 ist der Umgang mit Social Media Newsrooms als Aggregation aller Kanäle und die Veröffentlichung von Social Media Releases – der Pressemitteilung 2.0. Dieses Buch untersucht anhand dieser beispielhaften modernen Kommunikationstools die Veränderungen und den Einfluss auf das Berufsbild, die Qualifikation und die Tätigkeit von Kommunikationsmanagern. Die Ergebnisse der fünf qualitativen Interviews mit führenden verantwortlichen Kommunikationsmanagern von Agenturen mit eigenem Social Media Newsroom zeigen ein eindeutiges Bild: Ein großer Teil des Arbeitsalltags wird durch den Umgang mit Social Media beherrscht. Dieser Wandel in den Tätigkeiten verlangt nach einer Anpassung der Ausbildung und Qualifikationsanforderungen und einer Anpassung des Berufsbildes zur normativen Orientierung für den Beruf. Als Ergebnis dieser Studie wird ein Vorschlag für ein modernes Anforderungsprofil für Kommunikationsmanager präsentiert.

***

Facebook, Twitter & Co. are dominating our everyday life. According to their own statements, there are more than 955 millionen people registered on facebook, more than 400 million tweets are sent and over 4 billion videos are watched on YouTube every day. Social media do have a profound influence on society and media use. Dealing with social media newsrooms and social media releases is exemplary for the PR work 2.0. This study analyses the change and influence in communication management on job description, qualification and tasks based on these contemporary tools. The results of five conducted qualitative interviews with leading responsible communications operatives in PR agencies with their own social media newsroom are distinct. The everyday professional life is dominated by dealing with social media. The change in tasks requires adjustments in education, qualification and job description. The results of this paper provide a recommendation for a modern requirements specification of communications operatives.

Inhaltsverzeichnis

1 Einleitung 11
2 Theoretische Grundlagen 13
   2.1 Public Relations als Theorie 13
      2.1.1 Public Relations als Management von Kommunikation 14
      2.1.2 Public Relations als Win-Win-Modell 17
      2.1.3 Kritik an den Modellen 18
   2.2 Public Relations als Kommunikationsmanagement 20
   2.3 Public Relations als Beruf 22
      2.3.1 Berufsbild 23
      2.3.2 Qualifikation 24
      2.3.3 Tätigkeit 25
   2.4 Berufszugang und Berufsbild der Public Relations 26
   2.5 Aufgabenfelder und Systematisierungsversuche 29
   2.6 Kommunikationsmanagement im Web 2.0 30
      2.6.1 Social Media Release und Social Media Newsroom 32
   2.7 Empirische Ansätze der PR-Berufsforschung 34
      2.7.1 Merten und Wienand – eine Synopse 34
      2.7.2 European Communication Monitor und Social Media Governance 36
      2.7.3 Analyse von Stellenanzeigen 37
   2.8 Zusammenfassung und Diskussion 38
3 Von der Theorie zur Empirie 41
   3.1 Erkenntnisinteresse und Forschungsfragen 41
   3.2 Methodische Vorgehensweise 43
   3.3 Untersuchungsdesign 44
   3.4 Das leitfadengestützte Experteninterview 45
      3.4.1 Planung und Durchführung 46
      3.4.2 Leitfadenentwicklung 47
      3.4.3 Durchführung 49
   3.5 Analyse von Stellenanzeigen 51
   3.6 Qualitative Inhaltsanalyse 52

3.6.1 Konkretes Ablaufmodell der Interviewanalyse 53
3.7 Methodenreflexion 55
4 Ergebnisse 57
4.1 Berufsbild 57
4.1.1 Persönlichkeitsmerkmale/Schlüsselkompetenzen 57
4.1.2 Berufszugang 58
4.2 Qualifikation 59
4.2.1 Ausbildung 59
4.2.2 Weiterbildung 60
4.2.3 Optimierung/Bringschuld 61
4.3 Anforderungsprofil an Bewerber 63
4.3.1 Persönlichkeitsmerkmale/Schlüsselkompetenzen 63
4.3.2 Social Media 63
4.3.3 Content-Produktion/Technik 65
4.4 Tätigkeit 65
4.4.1 Substituierung/Verdrängung 66
4.4.2 Social Media-Arbeit 67
4.5 Social Media-Entwicklung 69
4.5.1 Beruflich/Agentur 70
5 Fazit und Ausblick 73
5.1 Auswertung der Ergebnisse 73
5.2 Profil eines modernen Kommunikationsmanagers 78
5.3 Diskussion und Ausblick 79
Literaturverzeichnis 83
Anhang 88

Abbildungsverzeichnis

Abbildung 1: Ergänzung des Berufsbildes DPRG (2005) 80

Abbildung 2: Public Relations als Win-Win-Modell (Dozier et al., 1995) 88

Abbildung 3: Qualifikationsprofil Fachkompetenz Öffentlichkeitsarbeit.............. 88

Abbildung 4: Gesamtbewertung von Wissensgebieten (Wienand, 2003) 90

Abbildung 5: Relevanz von Fertigkeiten/Fähigkeiten (Wienand, 2003)............... 91

Abbildung 6: Persönliche Eigenschaften (Wienand, 2003) 91

Abbildung 7: Social Media Release Template, version 1.5. 92

Abbildung 8: Social Media Newsroom Template 93

Abbildung 9: Qualitativen Inhaltsanalyse nach Gläser & Laudel (2010) 94

Abkürzungsverzeichnis

SMN	Social Media Newsroom
SMR	Social Media Release
SEO	Search Engine Optimization
ECM	European Communication Monitor
CMS	Content Management System

Aus Gründen der leichteren Lesbarkeit wird im gesamten Buch auf eine geschlechtsspezifische Differenzierung, wie z. B. Teilnehmer/Innen, verzichtet. Entsprechende Begriffe gelten im Sinne der Gleichbehandlung für beide Geschlechter

1 Einleitung

„Das Social Web ist mehr als eine technologische Innovation – es verändert die Art und Weise wie Menschen, aber auch Unternehmen, interagieren und kommunizieren" (Amersdorffer, Bauhuber, Egger & Oellrich, 2010, S. 3). Im Sommer 2012, zum Zeitpunkt der Fertigstellung dieses Buches, hat Facebook nach eigenen Angaben mehr als 955 Millionen Mitglieder, es werden jeden Tag mehr als 400 Millionen Tweets gesendet und über vier Milliarden Videos auf YouTube angesehen. Social Media haben einen tiefgreifenden Einfluss auf die Gesellschaft und die Mediennutzung und sich innerhalb weniger Jahre zu einem relevanten Kanal für die professionelle Kommunikationsarbeit etabliert. Dieses Medium ist jedoch nicht nur eine weitere Zeitung, die in den Presseverteiler aufgenommen wird und gelegentlich eine Pressemitteilung und einen Anruf bekommt. Neue Zielgruppen und kleinere Teilöffentlichkeiten, andere Kommunikatoren und Multiplikatoren, direkter Dialog und unmittelbares Feedback – das tradierte und routinierte Schema der Pressearbeit lässt sich nicht ohne Weiteres aufdrücken und verlangt nach einer neuen Herangehensweise. Jeder kann im Web 2.0 durch verschiedenste Plattformen partizipieren, „vorausgesetzt der notwendige technische Support und die Sprachkompetenz sind gegeben" (Szyszka, Schütte & Urbahn, 2009, S. 19). Diese erforderlichen Kompetenzen und Anforderungen für das Web 2.0 schlagen sich insbesondere bei dem professionellen Umgang nieder. Der Arbeitsalltag von Kommunikationsmanagern verlangt nach anderen Tätigkeiten, damit muss sich auch die Ausbildung und Qualifikation den Veränderungen anpassen. Das gesamte Berufsbild verändert sich. Exemplarisch für die neue Kommunikationsarbeit steht der Social Media Newsroom (SMN). Dieser ist der Pressebereich 2.0, die Social Media Release[1] (SMR) das multimediale Pendant der Pressemitteilung dazu. Im Newsroom findet sich die Aggregation sämtlicher Social Media-Kanäle, Releases, Bild- und Videomaterial sowie Social Network-Kontakte auf einer Plattform wieder. Einfluss und Relevanz

---

[1] Für den Begriff finden sich in der Literatur die Artikel „die", „der" und „das" (vgl. Lommatzsch, vgl. Bonow). In diesem Bucht wird „die" Social Media Release verwendet, als Pendant zum deutschsprachigen Wort „Veröffentlichung".

von Social Media sind unbestritten. Im European Communication Monitor (ECM) 2012 geben drei Viertel (75,8 Prozent) der 2.185 europaweit befragten Kommunikationsverantwortlichen an, dass sie Social Networks für ein wichtiges Tool des Kommunikationsmanagements halten (Zerfaß, Verhoeven, Moreno & Tench, 2012). Laut Social Media Governance (Fink, Zerfaß & Linke, 2011) beschäftigen sich mehr als zwei Drittel der befragten Kommunikationsmanager einen Teil ihrer Arbeitszeit mit verschiedensten Social Media Aufgaben: Inhalte-Management, Dialog, Kanalaufbau, Gestaltung und Netzwerkaufbau.

Die Relevanz dieser Studie ergibt sich aus der Beeinflussung und Veränderung des Arbeitsalltages durch Social Media. Neue, ausdifferenziertere Teilöffentlichkeiten müssen zielgruppengerecht durch Kommunikationsmanager angesprochen werden. Die Produktion von Social Media Releases, Einbindung, Vernetzung und Verschlagwortung von multimedialen Inhalten, Pflege von Blog- und Content Management-Systemen (CMS) und die Arbeit in und mit sozialen Netzwerken stellen ein neues Anforderungsprofil an Kommunikationsschaffende. Diese Studie untersucht den Wandel in Berufsbild, Qualifikation und Tätigkeit von Kommunikationsmanagern durch den Einfluss und die Arbeit mit Social Media Releases und Social Media Newsrooms. Forschungsziel ist es, Veränderungen und einen Wandel zu verdeutlichen und einen Ansatz für ein aktuelles Anforderungsprofil an den Beruf des Kommunikationsmanagers zu erstellen und somit eine normative Orientierung für Einsteiger und Fachmänner zu bieten.

2 Theoretische Grundlagen

Die Theorie bildet das Fundament dieser Untersuchung. Im Folgenden soll ein Überblick über die relevanten PR-Modelle und ihre Weiterentwicklung gegeben werden sowie eine kritische Auseinandersetzung damit erfolgen. Weiterhin geht es um die exakte Bestimmung der Begrifflichkeiten mit einem dazu notwendigen Exkurs in den Bereich der Berufssoziologie. Eine Übersicht über die bisher durchgeführten Studien in der Berufsfeldforschung der Public Relations sowie im Bereich Social Media-Arbeit und -Kompetenz von Kommunikationsmanagern soll den aktuellen Forschungsstand darstellen und einen Anknüpfungspunkt für die empirische Arbeit schaffen.

2.1 Public Relations als Theorie

Public Relations haben sich im deutschsprachigen Raum erst in den 70er (Signitzer, 2007, S. 141) bzw. 80er Jahren (Röttger, 2009, S. 10) als wissenschaftlicher Forschungsgegenstand etabliert. Das hängt unter anderem mit dem Erleben der Propaganda im Dritten Reich und der dadurch entstandenen Sensibilität gegenüber Formen persuasiver Kommunikation zusammen (ebd., S. 10). Bei der systematischen wissenschaftlichen Beschäftigung mit PR besteht ein zentrales Forschungsinteresse in der Frage nach den Funktionen von Public Relations in modernen Gesellschaften. Klaus Merten (2006, S. 19) differenziert dabei drei Ebenen:

1. die gesellschaftliche Funktion, die PR auf der Ebene der gesellschaftlichen Teilsysteme (Funktionssysteme) wahrnimmt,
2. die Organisationsfunktion, die PR zwischen Organisationen und deren Bezugsgruppen erfüllt, und
3. die Funktionen (Leistungen und Qualifikationen), die PR-Tätige als Personen in der Erfüllung ihrer Aufgaben aufbieten müssen

Im Hinblick auf das Ziel dieser Studie, den Wandel in Berufsbild, Qualifikation und Tätigkeit sowie ein aktuelles Anforderungsprofil darzustellen, sind insbesondere die beiden letztgenannten Punkte von Interesse. Die im Folgenden dargestellten Arbeiten von Grunig und Hunt (1984) und deren Weiterentwicklungen beschreiben Public Relations als Organisationsfunktion; die Berufsfeldstudien von Wienand, Merten sowie Zerfaß und Fink geben einen Überblick über die Funktionen, Leistungen und Qualifikation von PR-Tätigen.

2.1.1 Public Relations als Management von Kommunikation

Organisationstheoretische Ansätze verstehen Public Relations als eine Kommunikationsfunktion der Organisationen. Dafür schufen James E. Grunig und Todd Hunt 1984 in den „Managing Public Relations" einen der bekanntesten Ansätze: „Public Relations, therefore, is the management of communication between an organization and its publics" (Grunig & Hunt, 1984, S. 8). Aufgrund dieser vorhandenen Beziehungen zwischen Unternehmen und Umwelt und jeweils verschiedenen Situationen gehen Grunig und Hunt (1984) von vier Public Relations Modellen aus. Diese idealisierten Typen von Kommunikation sind historisch angelegt und skizzieren den Entwicklungsverlauf der PR-Arbeit in den USA von einer niedrigen (*Publicity*) zu einer höheren Entwicklungsstufe (*symmetrische Kommunikation*) (vgl. Schulte, 2011). Den Ausgangspunkt dieses Ansatzes bildet die Annahme, dass die Notwendigkeit zur Kommunikation für die Organisationen eine Folge spezifischer historischer Entwicklungen[2] sei. Dies wird insbesondere in dem 1992 veröffentlichten Aufsatz „Models of Public Relations and Communication" von Grunig und Grunig deutlich: „Whatever their historical origins, however, the four models of public relations do provide us with a way of describing and explaining how and why contemporary public relations is practiced as it is." (Grunig & Grunig, 1992, S. 290)

Das erste der vier Modelle ist der sogenannte *Publicity Ansatz*. Dabei geht es primär darum, dass ein Unternehmen eine positive Berichterstattung in den Medien anstrebt, um damit eine möglichst hohe Aufmerksamkeit in der Öffentlichkeit zu generieren. Mittel dafür können Sponsoring und Verkaufsförderung sein. Die durch die Medien erzielte Reichweite ist Maßstab für den Erfolg. Bei

---

[2] Diese Entwicklung bezieht sich auf die US-amerikanische Wirtschaft und Gesellschaft

diesem Ansatz handelt es sich um eine Einweg-Kommunikation, welche zwischen Sender und Empfänger abläuft (vgl. Pflaum & Linxweiler, 1998, S. 23). Die Kommunikation verläuft einseitig-asynchron unter Einsatz aller Mittel, wobei die vollständige Wahrheit nicht wesentlich ist. Grunig und Hunt bezeichnen den Zweck der Kommunikation daher auch als Propaganda – daher wird dieser Ansatz auch als Propaganda-Modell bezeichnet.

Ebenfalls um einseitige Kommunikation handelt es sich bei dem *Informationstätigkeitsansatz*. Ziel dieser Tätigkeit ist die Verbreitung von Informationen an die Anspruchsgruppen. Dabei sind diese fehlerfrei und gewöhnlich positiv (Grunig & Hunt, 1984) – das Feedback ist nicht von Bedeutung. Ein Beispiel wäre die Rolle des Regierungssprechers, der wertfrei den Standpunkt der Regierung beschreibt (vgl. Mast, 2010, S. 32).

Die dritte Variante ist der *asymmetrische Kommunikationsansatz*. Im Gegensatz zum vorherigen Modell finden hier Feedback-Reaktionen Beachtung und sind von entscheidender Bedeutung. Asymmetrische Kommunikation wird als Zweiweg-Kommunikation verstanden, die aber lediglich einseitiges Feedback mit einbezieht. Das Hauptziel ist dabei nicht nur die reine Informationsverbreitung, sondern die Überzeugung der Bezugsgruppen. Um Bezugsgruppen systematisch zu beeinflussen und PR-Maßnahmen zu optimieren, ist die Berücksichtigung von Feedback-Reaktionen notwendig. Mögliche Instrumente dafür sind Befragungen, Inhalts- oder Imageanalysen (Schulte, 2011, S. 29). Angewandt wird das asymmetrische Kommunikationsmodell hauptsächlich von PR Agenturen, wenn es beispielsweise darum geht, das ausgeprägte Umweltbewusstsein eines Automobilkonzerns in den Meinungen der Endverbraucher zu verankern (Pflaum & Linxweiler, 1998, S. 24).

Grundvoraussetzung für das (idealtypische) Modell der *symmetrischen Kommunikation* ist die kommunikative Gleichberechtigung aller Beteiligten, also von Kommunikator und Teilöffentlichkeit (Mast, 2010, S. 33). Zielsetzung dieser Kommunikationsaktivität ist es, ein besseres Verständnis zwischen dem Unternehmen und den Teilöffentlichkeiten herzustellen. Ein Beispiel für die symmetrische Kommunikation ist ein umweltbewusster Automobilkonzern, der sich mit speziellen PR-Broschüren, Filmen, etc. an Meinungsbildner wie z.B. Redakteure, Journalisten und staatliche Institutionen wendet (Pflaum & Linxweiler, 1998, S. 24). Zur Rolle des PR-Praktikers erklären Grunig und Hunt: „In the two-way symmetric model, finally, practitioners serve as mediators between organizations and their publics" (Grunig & Hunt 1984, S. 22). Daraus lässt sich ableiten, dass Kommunikation nicht vorrangig monologisch verstanden, sondern vielmehr als dialogischer Austausch konstruiert wird, durch den „symbiotische Veränderungen in den Einstellungen und Verhaltensweisen" (Mast, 2002, S. 35) auf Seiten der Bezugsgruppen und der Organisation bewirkt werden können (vgl. Schulte, 2011). Grunig selbst hält symmetrische Kommunikation für die effektivste und ethisch wertvollste Form von PR (Grunig, 1994, S. 70).

Zusammenfassend kann gesagt werden, dass die ersten beiden Modelle – Publicity-Ansatz und Informationstätigkeitsansatz – eine Einweg-Kommunikation konstruieren: „Practioners of these models generally view communication as telling, not listening" (Grunig & Hunt, 1984, S. 23). Die Wahrheit der vermittelten Inhalte ist der zentrale Unterschied zwischen beiden Ansätzen: Während diese bei dem Publicity-Ansatz nicht von wesentlicher Bedeutung ist, verpflichtet sich der Informationstätigkeitsansatz zur inhaltlichen Richtigkeit der vermittelten Botschaften und Informationen. Bei den Modellen der asymmetrischen und symmetrischen Kommunikation wird hingegen eine Zweiweg-Kommunikation konstruiert. Im asymmetrischen Modell gibt es jedoch keine Gleichrangigkeit zwischen Kommunikator und Teilöffentlichkeit. Im Gegensatz zum symmetrischen Modell dient Feedback hier nicht zur Dialogstärkung und Verständnisförderung, sondern wird lediglich für Erkenntnisse zur Optimierung von Strategie und PR-Maßnahmen genutzt (ebd., 1984). Bei der symmetrischen Kommunikation sind die wechselseitigen Einflüsse der Organisation und seiner Teilöffentlichkeiten ausgeglichen. In diesem Modell sind Public Relations dialogisch angelegt und verfügen über Input-, Output- und Feedbackfunktionen. Die Kommunikation wirkt in beide Richtungen verändernd, z.B. in Bezug auf Einstellungen oder Verhaltensweisen. Ergebnis der symmetrischen Kommunikation sollen wechselseitige, vorteilhafte Wirkungen sein. Die vier PR-Modelle bilden eine sinnvolle

Grundlage für die Untersuchung der Kommunikation in Zeiten von Social Media. Die starke Macht der sozialen Netzwerke, Microblogging Tools und Media-Sharing-Platforms lässt vermuten, dass das Modell der symmetrischen Kommunikation im Zeitalter der Social Media ein ganz neues Gewicht bekommt und nicht aus ethischen, sondern aus ökonomischen Gründen normativ wird.

2.1.2 Public Relations als Win-Win-Modell

Die PR-Modelle sind im Laufe der Jahre mehrfach modifiziert, weiterentwickelt und angepasst worden (vgl. Grunig & Grunig, 1992, S. 289; Kunczik, 2002, S. 128). Grundlegend konzentrieren sich die Weiterentwicklungen vor allem auf die Frage, ob das Modell der symmetrischen Kommunikation auch in der Unternehmenspraxis anzutreffen sei (Mast, 2002, S. 37). Auf eine detaillierte Beschreibung der Entwicklungsstufen wird an dieser Stelle aus Platzgründen verzichtet.

Das Win-Win-Modell stellt einen wichtigen Eckpunkt der Entwicklungsgeschichte dar und wird daher im Folgenden erläutert. Das Modell basiert auf der Annahme, dass zwischen den Interessen einer Organisation und den Interessen ihrer internen und externen Bezugsgruppen unterschiedliche, manchmal sogar ausschließende Unterschiede bestehen (vgl. Mast, 2010). Daher wird das Modell auch als „mixed-motive-model" bezeichnet. Durch das Einräumen von interessengebunden ablaufenden Kommunikationsprozessen in der PR-Praxis, greifen die Autoren einen der wesentlichen Kritikpunkte am Modell der symmetrischen Kommunikation auf; es basiert gleichermaßen auf empirischen Ergebnissen und der Überzeugung, dass exzellente PR in der Praxis vor allem dann Zweiweg-Kommunikationsprozesse einleitet, wenn diese in einer „Win-Win-Situation" münden.

Die Kommunikation mit den Bezugsgruppen hat das Ziel, deren Position in Richtung der Unternehmensinteressen zu verschieben. Dagegen soll die Kommunikation mit den Managern im Unternehmen wiederum dazu führen, dass „die Position des Unternehmens und seine Handlungen den Interessen und Meinungen der Bezugsgruppen entsprechen" (Mast, 2010, S. 35). Ein Schaubild zum Vergleich befindet sich im Anhang (Abb. 2). Ziel des Modells sind Win-Win-

Lösungen, von denen beide Seiten als Ergebnis zweiseitiger Kommunikation profitieren. Dadurch werden langfristige Beziehungen aufgebaut, welche wiederum dem Unternehmen zugutekommen. Falls eine Seite überredet, argumentativ benachteiligt oder betrogen wird, sind Unzufriedenheit, neue Konflikte und eine instabile Konstellation die Folge (vgl. Mast, 2010, S. 36). Hervorzuheben ist, dass Win-Win-Situationen nicht nur über symmetrische, sondern auch über asymmetrische Kommunikationsformen zu erzielen sind. Organisationen nutzen mitunter auch asymmetrische Kommunikation, um sich innerhalb des Win-Win-Bereichs eine bestmögliche Position zu verschaffen (vgl. Dozier, Grunig & Grunig, 1995, S. 49). Mit diesem Verständnis distanzieren sich die Autoren von ihrer früheren Position, welche ausschließlich auf symmetrische Kommunikation fixiert war. Da asymmetrische Kommunikationsmaßnahmen nach Auffassung der Autoren aber nur punktuell eingesetzt werden und in eine generell symmetrisch ausgerichtete Kommunikationspolitik eingebettet sind, bleibt auch das Win-Win-Modell den Prinzipien symmetrischer Kommunikation verhaftet (vgl. Schulte, 2011).

2.1.3 Kritik an den Modellen

Grunig und Hunt liefern zweifelsohne mit dem PR-Modellschema eine aussagekräftige Systematik, die sowohl aktuell praktizierte Varianten von Public Relations aufzeigt, als auch deren historische Entwicklung berücksichtigt. Grunig und Hunt halten zwar den Einsatz aller vier PR-Modelle generell für möglich, betrachten jedoch die symmetrische Kommunikation als effektivste und zugleich ethischste Form von PR (vgl. Grunig & Hunt, 1984, S. 43, Grunig & Grunig, 1992, S. 307). Verschiedene Autoren (vgl. u.a. Wienand, 2003, Merten, 2000) bezweifeln jedoch, dass symmetrische Kommunikationsformen den PR-praktischen Anforderungen in Wettbewerbsgesellschaften standhalten. Nach Sarah Schulte (2011) überzeugt das Modell symmetrischer PR als wesentlicher Bestandteil der PR-Typologie von Grunig und Hunt weder aus praktischer noch aus theoretischer Perspektive. Laut Edith Wienand kann der Modellansatz „als – recht verzweifelter – Versuch gewertet werden, dem Ansehen der PR zu einer neuen

Qualität zu verhelfen. Dies geht jedoch [...] oftmals an der Praxisrealität vorbei."
(Wienand, 2003, S 174). Claudia Mast (2010) hält es für es unrealistisch anzunehmen, dass sich Unternehmen gezielt für eine Variante entscheiden. Die Vorgehensweisen werden auf das Problem abgestimmt, welches sie lösen wollen.

Nichtsdestotrotz stellen die Grundmodelle von Grunig und Hunt einen wichtigen Schritt in der PR-Theorie dar. Die vier PR-Modelle bilden eine sinnvolle Grundlage für die Untersuchung der Kommunikation in Zeiten von Social Media. Insbesondere das Modell der symmetrischen Kommunikation mit ausgeglichenen, dialogisch angelegten, wechselseitigen Einflüssen der Organisation und Teilöffentlichkeiten. In diesem Modell sind Public Relations dialogisch angelegt und verfügen über Input-, Output- und Feedbackfunktionen. Die Kommunikation wirkt in beide Richtungen verändernd, z.B. in Bezug auf Einstellungen oder Verhaltensweisen.

Die Weiterentwicklung der vier PR-Typologien ist das Win-Win-Modell. Dieses Modell berücksichtigt die Auftraggebergebundenheit von PR und daraus resultierende divergente Interessenlagen. Gleichzeitig geht es aber davon aus, dass diese sich durch PR in Win-Win-Situationen überführen lassen, von denen alle Beteiligten profitieren (vgl. Schulte, 2011). Daran bemängelt Zerfaß (1996) u.a. ein zu enges Kommunikationsverständnis von Grunig. Es wird nicht berücksichtigt, dass in Dialogen gemeinsame Standpunkte erarbeitet werden können, anstatt ausschließlich subjektive Standpunkte durchzusetzen. Alle Fälle, bei denen sich die Beteiligten von vornherein nicht nur um einen Kompromiss, sondern um einen Konsens bemühen, würden dadurch ausgeschlossen werden. Weiterhin zeige die Erfahrung, dass „Win-Win-Situationen" ausgesprochen selten sind (Kunczik, 2010). Außerdem kritisiert Zerfaß (1996, S. 20), dass einseitig für eine partizipative Organisationskultur plädiert werde: „Diese mag zwar normativ sympathisch erscheinen, widerspricht jedoch der Ansicht, daß [sic] es bei dynamischen Umwelt- und Marktbedingungen keinen ‚one best way' gibt".

Grunig und Hunt liefern mit den vier Modellen der PR eine aussagekräftige Systematik, die sowohl aktuell praktizierte Spielarten von Public Relations aufzeigt, als auch deren historische Entwicklung berücksichtigt. Insbesondere für die Untersuchung der Kommunikation in Zeiten von Social Media bilden diese PR-Modelle eine sinnvolle Grundlage. Mit der Weiterentwicklung zum Win-Win-Modell haben sie eine zentrale Kritik am Modell symmetrischer Kommunikation aufgenommen und gehen nunmehr von divergierenden Interessen der Kommunikationspartner aus. Die Ansätze von Grunig und Hunt stellen trotz aller Kritik die Vielfältigkeit der PR- und Kommunikationsarbeit dar und zeigen eine Entwicklung auf. Diese Ansätze im Kommunikationsmanagement bilden das theoretische Fundament dieser Untersuchung.

2.2 Public Relations als Kommunikationsmanagement

Im Kontext der Kommunikation in und von Organisationen gibt es zahlreiche Begriffe und verschiedenste Definitionen dafür: Organisationskommunikation, Unternehmenskommunikation, Public Relations, Kommunikationsmanagement. Uneinheitlich und weitestgehend diffus ist in der Literatur die Verwendung des Begriffs *Kommunikationsmanagement* (Röttger, Preusse & Schmitt, 2011, S. 27). Der Begriff wird zum Teil mit PR gleichgesetzt, teils wird PR als ein Teil des Kommunikationsmanagements beschrieben. Zerfaß versteht das Kommunikationsmanagement als Prozess der Planung, Organisation und Kontrolle der Unternehmenskommunikation bzw. der Kommunikation von Organisationen (Zerfaß, 2010, S. 412). Dabei wird im Sinne eines funktionalen Managementverständnisses die Einbindung von PR in organisationale Steuerungsprozesse zur Leistungserstellung und -sicherung betont (vgl. Röttger et al., 2011, S. 29). Claudia Mast (2002, S. 17) bezeichnet das Kommunikationsmanagement als „das Management *durch* Kommunikation und das Management *der* Kommunikation".

In Praxis und Wissenschaft gibt es in jüngster Zeit die Tendenz, dass der PR-Begriff durch den Begriff des Kommunikationsmanagements abgelöst wird. Ein Beispiel bei der sukzessiven Durchsetzung in der akademischen Terminologie lässt sich an der Bezeichnung der Studiengänge in Deutschland erkennen (Nothaft, 2010, S. 19). Während in Leipzig der Schwerpunkt im Magisterstudiengang zu Anfang noch „Public Relations/Öffentlichkeitsarbeit" genannt wurde, ist die Bezeichnung des aktuellen Bachelor-Studiengangs an der Universität Leipzig „Public Relations/Kommunikationsmanagement". Der 2006 gestartete Master trägt den Titel „Communication Management" (vgl. Nothaft, 2010, S. 19).

Ein wichtiger Grund für den Wandel dürfte die Begriffsneutralität sein: „Der PR-Begriff ist im deutschsprachigen Raum seit seiner Einführung in den 1930er Jahren mit negativen Assoziationen – Manipulation, Täuschung, Vereinnahmung der Öffentlichkeit – belegt" (Röttger et al., 2011, S. 28). Außerdem zeigt der Terminus Kommunikationsmanagement die berufspolitisch gewünschte Eingliederung in das allgemeine Organisationsmanagement.

Gemeinsam mit dem Wandel der Begrifflichkeiten ist es unabdingbar, gleichzeitig den Wandel der Rahmenbedingungen für Information und Kommunikation zu analysieren. Sozialer Wandel bedeutet Veränderung von Strukturen und Handlungen[3] (vgl. Zerfaß, 2006). Daraus ergibt sich ein wichtiger Ansatzpunkt für das Kommunikationsmanagement. Sowohl technologische Innovationen, aber auch soziale Entwicklungen sorgen zwangsläufig dafür, dass die heute üblichen Routinen der Pressearbeit möglicherweise schon morgen veraltet sind. Laut Ansgar Zerfaß (2006, S.6) kommt dazu noch ein weitaus wichtigerer Punkt: „Wenn jeder einzelne Kommunikator die Regeln des Spiels zumindest partiell verändern kann, dann muss man nicht nur mitspielen, also beispielsweise als Unternehmen [...] den Zwängen der Massenmedien gehorchen, sondern man kann versuchen, neue Pfade zu gehen, sei es im Kleinen oder im Großen." Durch das Internet entstehen immer neue und spezifischere (Teil-) Öffentlichkeiten, mit sehr speziellen Themen, Funktionen, Regeln und Ressourcenverteilungen. Die bislang herrschende Meinung sieht die Macht der Massenmedien für die Meinungsbildung von zentraler Bedeutung. Zerfaß vertritt die These, dass die Mediengesellschaft ihren Horizont bereits überschritten hat und wir gerade am

---

[3] Zerfaß bezieht sich auf die Strukturationstheorie von Giddens (1984, S. 95 ff.). Nach dem britischen Soziologen sind Strukturen letztlich nichts anderes als schematische Regeln und Ressourcen, kulturell geprägte Muster außerhalb von Raum und Zeit. Diese ermöglichen das praktische Handeln und sorgen als gemeinsamer Nenner für ein Gelingen von Interaktionen und gesellschaftlicher Integration. Dabei sind diese Regeln und Ressourcen aber keinesfalls naturgegeben. Sie können jederzeit modifiziert und verändert werden.

Beginn einer neuen Ära stehen, gekennzeichnet durch das Web 2.0, Suchmaschinen, Weblogs, Podcasts und Wikis. Dadurch rückt der Fokus von den Kommunikatoren und Mittlern stärker auf die Rezipienten und ihre Bedürfnisse. Gleichzeitig ermöglichen es die neuen Technologien dem Rezipienten, jederzeit selbst zum Kommunikator zu werden, beispielsweise als Verfasser eines Weblogs oder als Produzent von Podcasts (vgl. Zerfaß, 2006).

Zusammenfassend lässt sich die Definition Benteles (2002, zitiert nach Bentele, 2009, S. 41) anführen: „Kommunikationsmanagement bedeutet, die Organisationsumwelt (relevante Teilöffentlichkeiten) zu beobachten, die ‚kommunikative' Organisationssituation (Selbstbild/Fremdbild) zu analysieren, problemadäquate Kommunikationsstrategien zu entwickeln, davon abgeleitete Kommunikationsmaßnahmen zu organisieren, durchzuführen und zu evaluieren. Dies bedeutet, gleichzeitig in verschiedenen Kommunikationsfeldern zu agieren."

Begründet durch die angeführten Entwicklungen von Kommunikationsarbeit im Internet und Web 2.0, differenzierteren Teilöffentlichkeiten und sozialem Wandel sowie damit verbunden der sukzessiven Durchsetzung des Terminus *Kommunikationsmanagement* wird in der vorliegenden Untersuchung bewusst dieser Begriff verwendet.

2.3 Public Relations als Beruf

Ein Großteil der Grundlagenforschung im Public Relations-Bereich beschäftigt sich mit berufssoziologischen Aspekten der PR. Um der „Definitionsproblematik" (vgl. Wienand, 2003) grundlegender berufssoziologischer Begriffe entgegenzuwirken, soll ein Überblick über die wichtigsten Grundbegriffe gegeben werden. Insbesondere *Qualifikation*, *Berufsbild* und Tätigkeit stehen für die vorliegende Untersuchung dabei im Vordergrund.

Fuchs-Heinritz (1994, S. 91) definiert die Berufssoziologie im Allgemeinen als „die Anwendung soziologischer Begriffe und Theorien auf Arbeit und Beruf". Nach Wallner (1979, S. 276) steht bei der Berufssoziologie vor allem die gesellschaftliche Wirklichkeit des Berufes im Vordergrund, also die soziale Bedingtheit von

Beruf und Berufsausübung sowie die Bewertung und Einstufung durch die Gesellschaft und die Rückwirkung auf ein Sozialsystem (vgl. Wienand, 2003). Wichtiger als die Beiträge zum theoretischen Diskurs ist laut Kreutzer (2000) jedoch die empirische Orientierung. Zum engeren Bereich der empirischen Berufssoziologie zählen dabei die Untersuchungen von Berufen, Professionen und Berufsfeldern.

2.3.1 Berufsbild

Das Berufsbild hat die Funktion, alle notwendigen oder für notwendig gehaltenen Qualifikationen eines Berufes detailliert festzulegen. Synonym lassen sich die Begriffe Qualifikations- oder Tätigkeitsprofil verwenden. Durch eine gewisse Festlegung wird ein Personenkreis eingegrenzt, welcher für die Ausübung des Berufs in Frage kommt. „Ein *Berufsbild* ist die zusammengefaßte [sic], systematische Darstellung und Beschreibung der für einen Beruf in Betracht kommenden Merkmale, die eine Person, die diesen Beruf ausüben will, aufweisen bzw. erwerben sollte" (Schildmann, 2000, S. 40). Ein sehr einfaches Merkmal als Beispiel wäre ein akademischer Abschluss als Qualifikationsprofil. Durch die gesetzten Normen werden dabei außerdem Tätigkeiten von anderen Berufen abgegrenzt. Teilweise greift der Staat bei dem Setzen dieser Normen ein, so z.B. bei Lehrberufen. Mit diesen eindeutigen Qualifikationsprofilen versuchen Berufsverbände nicht nur den organisatorischen Nutzen eines Berufes herauszustellen, sondern verfolgen auch eine gesellschaftliche Anerkennung. Ein Problem für die Festlegung von Berufsbildern ist der andauernde berufliche Wandel: „Die charakteristischsten Kennzeichen moderner Gesellschaften sind ihre stetige Ausdifferenzierung in weitere und neue Teil- und Subsysteme" (Fröhlich, 2005, S. 429). Bei der Ausdifferenzierung der Berufe können Tätigkeiten von anderen Berufen übernommen werden, Qualifikationen abgewertet werden oder sogar ganz verschwinden (Wienand, 2003). Es gilt demnach eine Entwicklung vorherzusagen, zu erkennen oder Änderungen aufzunehmen. Eine Folge davon sind sogenannte Allgemeinplätze, welche vermehrt bei sich noch konstituierenden oder von Wandel geprägten Berufen auftreten. Dabei ist die Qualifikationsbeschreibung problemlos auch auf nahezu alle anderen Berufe anwendbar (ebd., 2003). Für eine spezifische Bestimmung der Qualifikations- und Tätigkeitsprofile ist eine effektive Zusammenarbeit zwischen Praxis, Wissenschaft und den Berufsverbänden vonnöten.

Ausgehend von den für das Berufsbild verwendeten Synonymen „Qualifikationsprofil" und „Tätigkeitsprofil" gilt es nun, *Qualifikation* und *Tätigkeit* genauer zu bestimmen und abzugrenzen.

2.3.2 Qualifikation

In der berufssoziologischen Definition wird die Berufs-*Qualifikation* als „die Gesamtheit von *Wissen, Fertigkeiten* und *Fähigkeiten*, die ein Individuum dazu befähigen, überhaupt eine Berufstätigkeit auszuüben" dargelegt (Fuchs-Heinritz, 1994, S. 90). Diese Dreiteilung soll im folgenden Exkurs kurz zur Verständlichkeit bestimmt werden.

Im Wesentlichen beschreiben *Fähigkeiten* Begabungen, also psychische und physische Dispositionen einer Person, mit denen diese bestimmte Leistungen erbringen kann und welche nicht verlernt werden können. Es handelt sich um nicht beobachtbare Grundfähigkeiten, wie z.b. Konzentrationsvermögen oder Einfallsreichtum. Diese lassen sich beobachtbaren Fähigkeiten zuordnen, wie z.B. strategisches Vorgehen, Ausdauerverhalten und Kreativität. Das *Wissen* ist dabei „die Gesamtheit der Kenntnisse und Fähigkeiten, die Individuen zur Lösung von Problemen einsetzen. Wissen basiert auf Daten und Informationen, ist im Gegensatz zu diesen aber immer an eine Person gebunden" (Gabler Wirtschaftslexikon, 2012). Während *Fähigkeiten* Begabungen sind, haben *Fertigkeiten* das wesentliche Merkmal der bewussten und gezielten Erlernbarkeit bestimmter Vorgehensweisen. Es ist die „Beherrschung einfacher Tätigkeiten und Arbeitsabläufe, die in einem Lernprozess erworben werden und mühelos anwendbar sind" (www.socioweb.de zitiert nach Wienand, 2003, S. 69). Die Qualifikation setzt sich kurzum aus Begabungen, erlernten Vorgehensweisen und der Gesamtheit an Mitteln zur Problemlösung zusammen.

Während früher in traditionellen Berufen Fachwissen und Fertigkeiten als eine Art Eigenkapital für eine lebenslange Tätigkeit im Beruf galten, steht der Arbeitnehmer heutzutage in einer Art Bringschuld, mit dem er dem Wandel und der Entwertung der eigenen Qualifikation entgegenwirkt. Da Berufe verschwinden und andere neu entstehen, ist eine Berufsqualifikation im Vergleich zu früher keine Arbeitsplatzgarantie mehr (Wienand, 2003). Dadurch entsteht eine ständige Notwendigkeit der Berufstätigen, ihr Wissen den beruflichen Gegebenheiten mit einem lebenslangen Lern- und Weiterbildungsprozess anzupassen (vgl. Mikl-Horke, 1991, S. 207).

Veränderungen in den Tätigkeitsmustern verursachen einen Wandel von prozessgebundenen zu prozessungebundenen Qualifikationen (Fuchs-Heinritz, 1992, S. 532). Durch diesen Prozess entstehen gewisse Schlüsselqualifikationen wie Flexibilität, Genauigkeit, Sorgfältigkeit und beinhalten den Erwerb weiterer Fähigkeiten und Fertigkeiten – diese Qualifikationen lassen sich auf eine Vielzahl beruflicher Aufgaben anwenden.

2.3.3 Tätigkeit

Der Begriff *Tätigkeit* ist die am wenigsten festgelegte Umschreibung für berufliche Leistungen. In der Berufsfeldforschung wird zwischen *erlerntem* und *ausgeübtem* Beruf unterschieden – also zwischen Fähigkeit und Tätigkeit. Die Berufstätigen haben sich in ihrem „ausgeübten Beruf mit den spezifischen Erwartungsmustern des organisatorisch bestimmten Kontextes des Arbeitsplatzes auseinander zu setzen" (Wienand, 2003). Ganz allgemein wird mit *Tätigkeit* ein Handeln, Wirken und Schaffen bezeichnet und häufig als Synonym für Arbeit, Beruf oder Erwerbstätigkeit gebraucht. Dabei ist die *Arbeit* wiederum die „zielgerichtete, planmäßige und bewusste menschliche Tätigkeit, die unter Einsatz physischer, psychischer und mentaler (geistiger) Fähigkeiten und Fertigkeiten erfolgt" (Zimmermann, 1995, S. 12). Die bereits angesprochene Diskrepanz zwischen *erlerntem* und *ausgeübtem* Beruf – also den Tätigkeiten – verdeutlicht eine Lücke, mit der die Bringschuld der Arbeitnehmer wieder in den Fokus rückt. Mit zunehmendem Wandel in den Qualifikationen bzw. Tätigkeitsprofilen der Berufe kann, sich diese Lücke vergrößern. Durch das Internet hat sich die Medienwelt stark verändert, was automatisch Einfluss auf die damit verbundenen Berufe und Tätigkeiten hat. Die fortschreitende Digitalisierung beeinflusst nachhaltig die Lebenswelt des modernen Menschen. Neue Informations- und Kommunikationstechnologien haben Arbeits- und Kommunikationsprozesse stark modifiziert und einen sozialen Wandel eingeleitet. Insbesondere das Web 2.0 hat das Mediennutzungs- und Kommunikationsverhalten der Menschen radikal verändert (Trautwein, 2011).

2.4 Berufszugang und Berufsbild der Public Relations

Im Berufsfeld PR unterscheidet man PR-Tätigkeiten in organisationsinternen Dienstleistungsabteilungen und externen Dienstleistungen von PR-Agenturen und -Beratern. Für genaue Zahlen und Strukturdaten liegen keine empirisch-repräsentativen Befunde vor (Fröhlich, 2005). Probleme bei dieser Erhebung ergeben sich aus den verschiedensten Berufsbezeichnungen[4] sowie dem sehr breiten, unklar definierten Tätigkeitsfeld der Public Relations und einem offenen Berufszugang. Schätzungen zufolge gibt es in Deutschland 50 000 bis 60 000 PR-Schaffende (Fröhlich, 2005; PR-Journal, 2005). Deutlich geringere Schätzungen gibt es dagegen von Edith Wienand (2003, S. 145). Für das Jahr 2010 wurden dort 32 000 Beschäftigte erwartet. Laut Klaus Merten (1997) haben seit Mitte der 90er Jahre fast 80 Prozent der PR-Tätigen einen akademischen Abschluss. „Ein abgeschlossenes Studium egal welcher Richtung gilt mittlerweile als Voraussetzung für den PR-Beruf" (Fröhlich, 2005, S. 434). Trotz der Tendenzen in Richtung eines akademisierten Berufsfeldes, gibt es in Deutschland erst seit 2003[5] ein universitäres Vollstudium für den Bereich Public Relations.

Generell ist in Deutschland der Berufszugang zum Beschäftigungsfeld Kommunikationsmanagement offen. Es existieren keine berufsständisch oder staatlichen

---

[4] Kommunikationsberater, PR-Berater, PR-Assistent, PR-Manager, PR-Referent, Pressesprecher, Öffentlichkeitsarbeiter, u.v.m.
[5] Die Universität Leipzig hat zum Sommersemester 2003 den Studiengang „Public Relations" eingeführt (vgl. Kapitel 2.2).

geregelten Ausbildungs- oder Qualifikationswege. Die PR ist ein Arbeitsgebiet für Ein-, Quer- und Aufsteiger (Wienand, 2003). Dieser offene Zugang resultiert aus der Überzeugung, dass PR kein erlenbares Handwerk sei, sondern einen Begabungsberuf repräsentiert – wie im Übrigen auch der Journalismus (vgl. Fröhlich, 2005). Aus diesem Grund legte sich die Deutsche Public Relations Gesellschaft (DPRG) jahrzehntelang nicht auf ein Berufsbild sowie ein Qualifikationsprofil fest, um jeglichen Verbindlichkeiten zu entgehen.

Erst 1996 – 38 Jahre nach ihrer Gründung – verabschiedete die DPRG ein modernes Berufsbild mit einem klar skizzierten Qualifikationsprofil (Abb. 3 im Anhang) für eine Tätigkeit in PR und Öffentlichkeitsarbeit (DPRG, 2005; vgl. Röttger, 2005). Dieses ist angelehnt an das „Kompetenzraster Öffentlichkeitsarbeit" von Peter Szyszka (1995), welcher auch an der Entwicklung des Profils für die DPRG mitgewirkt hat. Die Deutsche Public Relations Gesellschaft distanziert sich damit ausdrücklich von der bisherigen Überzeugung: „Öffentlichkeitsarbeit ist keineswegs ein Begabungsberuf. Vieles kann und muss erlernt werden. Eine gute Allgemeinbildung, ausgeprägte Persönlichkeitsmerkmale wie analytische Fähigkeiten, psychologisches Gespür, Kommunikativität, Kreativität und soziale Kompetenz bilden wesentliche Voraussetzungen" (DPRG, 2005, S. 12). Bettina von Schlippe (1998) formuliert für die Public Relations Schlüsselqualifikationen, welche sie in drei Kategorien unterteilt: Handlungsbezogene Fähigkeiten (Wettbewerbs- und Leistungsorientierung, Zeitmanagement, Zielstrebigkeit), sozial- und verhaltensbezogene Fähigkeiten (Kommunikationsfähigkeit, Teamorientierung, Koordinationsfähigkeit) und gestalterische Fähigkeiten (Präsentationstechniken, Kreativität, Flexibilität).

Laut der DPRG wird von qualifizierten PR-Fachkräften ganz allgemein erwartet, dass sie „Kommunikationszusammenhänge und -probleme erkennen und beurteilen, die Organisationsführung in Kommunikationsfragen kompetent beraten, Kommunikationsprojekte mit strategischer Wirkungsabsicht entwickeln, Inhalte zweckmäßig gestalten, Maßnahmen taktisch realisieren und deren Ergebnisse analysieren und bewerten können" (DPRG, 2005, S. 12). Dazu müssen sie über grundlegendes fachliches *Wissen*, ausgeprägte fachliche *Fertigkeiten*

(Arbeitsmethoden und -techniken) sowie zielgerichtet anwendbare *Fähigkeiten* (Analyse, Strategie, Umsetzung) verfügen, um die ihnen übertragenen Aufgaben qualifiziert lösen zu können. Das Schaubild (vgl. Abb. 3 im Anhang) unterscheidet drei Arten von Wissen und drei Arten von Fertigkeiten. Diese Unterteilung soll deutlich machen, dass „Fachkenntnisse (Wissen) und berufsbezogene handwerklich-technische Fertigkeiten systematisch erlernt und erarbeitet werden müssen, um in der Berufspraxis mit beruflicher Erfahrung zu den fachlichen Fähigkeiten zu verschmelzen, über die PR-Fachkräfte verfügen müssen" (DPRG, 2005, S. 12).

Laut Edith Wienand (2003) ist das Berufsbild keineswegs als Reflektion der Berufsrealität zu verstehen, was sie in einer zusammenfassenden Bewertung als Defizit anführt. Weiterhin wird der „sorglose Umgang mit berufssoziologischen Termini" angeführt sowie der unverbindliche Charakter des Profils durch vage Formulierungen. Außerdem kritisiert Wienand die Statik im Modell, da der PR-Bereich dynamischen Prozessen in den Tätigkeitsfeldern und der steten Abgrenzungsproblematik von anderen Kommunikationsberufen unterworfen ist (vgl. Wienand, 2003). Die qualitative Entwicklung der PR zum strategischen und hochkomplexen Kommunikationsmanagement mit immer differenzierteren Teilöffentlichkeiten, damit verbundenen Kommunikationsaufgaben und Zielen wird diesen dynamischen Prozess und den Trend zur Spezialisierung weiter fördern: „Der Zwang zur Adaption technischer Neuerungen, die gebotene Anpassung an neue Werte und Normen einer multikulturellen Informationsgesellschaft, die Notwendigkeit einer zielgruppengenaueren Ausrichtung kommunikativer Botschaften und die Erfordernis, solche Neuerungen in das berufliche, *handwerkliche* Handeln und Verhalten zu integrieren, haben besonders die Public Relations verändert" (Fröhlich, 2005, S. 429).

2.5 Aufgabenfelder und Systematisierungsversuche

Die Bandbreite möglicher Berufsbezeichnungen und Tätigkeitsfelder im Bereich der Öffentlichkeitsarbeit ist außerordentlich groß: Kommunikationsberater, PR-Manager, Öffentlichkeitsarbeiter und Pressesprecher arbeiten für Wirtschaftsunternehmen, Öffentliche Verwaltungen, Nonprofit-Organisationen und als externe Dienstleister in Agenturen. „Entsprechend ist es unmöglich, *die* Aufgaben der PR und *den* Arbeitsbereich des PR-Experten zu beschreiben" (Röttger, 2005, S. 499). Wie bereits im vorhergehenden Kapitel behandelt, gibt es einen freien Zugang zum Berufsfeld der Public Relations. Berufsbezeichnungen sind nicht geschützt und beschreiben selbst bei gleicher Betitelung möglicherweise unterschiedliche Aufgabenbereiche.

Systematisierungsversuche von Aufgaben und Arbeitsbereichen förderten die RACE- und AKTION-Formel zutage. Im Kern liefern diese Ansätze sehr ähnliche Beschreibungen, unterscheiden sich dennoch in Details (Röttger, 2005, S. 501). Die DPRG (2005, S. 8 f.) fasst die charakteristischen Kernaufgaben der Öffentlichkeitsarbeit mit der AKTION-Formel zusammen: **A**nalyse, Strategie, Konzeption; **K**ontakt, Beratung, Verhandlung; **T**ext und kreative Gestaltung (Informationsaufbereitung und -gestaltung); **I**mplementierung (Zeit- und Maßnahmenplanung, Budgetierung); **O**perative Umsetzung; **N**acharbeit (Evaluation). Mit der RACE-Formel werden die PR-Aufgaben sehr ähnlich beschrieben: „Public Relations activity consists of four key elements: Research – what is the problem; Action and planning – what is going to be done about it; Communication – how will the public be told; Evaluation – was the audience reached and what was the effect?" (Wilcox, Ault and Agee, 1997, zitiert nach Röttger, 2005, S. 501).

Beide Systematisierungsversuche stellen lediglich eine Annäherung an die Aufgabenfelder des Kommunikationsmanagements dar. Hauptkritikpunkt ist die fehlende Spezifizierung der Schemata, welche sich problemlos auch auf benachbarte Berufe, wie z.B. den Bereich Werbung, anwenden lassen. Die DPRG unterscheidet daher das Spektrum der PR-Arbeit ebenso über die Systematisierung in fünf zentrale Grundfunktionen: Konzeption, Redaktion, Kommunikation,

Organisation, Abwicklung und Controlling (DPRG, 2005). Damit wird das gesamte Tätigkeitsspektrum der Öffentlichkeitsarbeit skizziert. Unbefriedigend bleibt bei diesem Vorschlag die klare Formulierung und Abgrenzung der einzelnen Funktionen (vgl. Röttger, 2005).

Das Berufsfeld und das Aufgabenprofil der PR sind stark geprägt von den vielfältigen Einsatzbereichen in verschiedensten Organisationen. Die Interaktion mit den Bezugsgruppen wird dabei durch die unterschiedlichen Organisationsformen, Handlungsfelder, Aufgaben und Ziele bestimmt. Das erschwert die genaue Spezifikation, Abgrenzung und Systematisierung von einzelnen PR-Aufgaben und Tätigkeitsfeldern erheblich: „Der typische PR-Arbeitsplatz und das allgemein gültige PR-Aufgabenprofil existieren in der Praxis kaum, denn die Ausgangsbedingungen und Zielvorstellungen, mit denen Öffentlichkeitsarbeit in der Praxis konfrontiert ist, sind zu unterschiedlich und vielfältig" (Röttger, 2005, S. 499). Bei der Untersuchung eines Wandels der Anforderungen an Kommunikationsmanager soll nach der Analyse der Ergebnisse dieser Studie ein Rückbezug zu den Systematisierungsversuchen gezogen werden, um ihre Gültigkeit zu überprüfen und ggf. einen Lösungsansatz zur Anpassung vorzuschlagen.

2.6 Kommunikationsmanagement im Web 2.0

Die Auswirkungen des technischen Fortschritts in der Internettechnologie hin zum Web 2.0 stellen eine tiefgreifende soziale Veränderung dar, welche die Art und Weise wie Menschen und Unternehmen interagieren und kommunizieren stark verändert hat (Amersdorffer et al. 2010, S. 3). Die Digitalisierung von Informationsprozessen und öffentlicher Meinungsbildung stellt zahlreiche Herausforderungen an das Kommunikationsmanagement. Zugleich bieten sich aber auch viele Chancen, denn die Interaktion mit „Bezugsgruppen durch elektronische Medien gibt dem Kommunikationsprozess [potenziell] eine neue Qualität" (Zerfaß, 1998, S. 37). Mithilfe des Internets haben Kommunikationsmanager die Möglichkeit, ihr Beziehungsnetzwerk auszubauen und „Kontakt- und Kommunikationschancen für heterogene Teilöffentlichkeiten" (Schultz & Wehmeier 2010, S. 412) bereitzustellen. Es entstehen zahlreiche Möglichkeiten für den gegenseitigen, dialogorientierten Austausch und für partizipative Kommunikationsprozesse – insbesondere durch Social Media. „Vor allem [...] bietet das Internet die Chance symmetrische Dialoge (im Sinne des Kommunikationsmodells von Grunig / Hunt) zu führen" (Schönefeld, 1997, S. 34).

Obwohl die Verbreitung des Internets seit Mitte der 1990er-Jahre von Kommunikationsverantwortlichen frühzeitig als Herausforderung wahrgenommen wurde, zeigen empirische Befunde, dass das Potenzial längst noch nicht ausgeschöpft wird (vgl. Zerfaß & Pleil, 2012, S. 39). Laut Zerfaß dürfte die „Berufsbiografie vieler Kommunikationsmanager und kognitive Barrieren [...] ein Grund dafür sein, dass die Online-Kommunikation trotz nunmehr über 15 Jahren Erfahrung mit dem Internet und später mit Social Media immer noch als Besonderheit wahrgenommen wird". Kommunikationsverantwortliche in Europa sehen zwar Online-Communities und Social Networks (75 Prozent Zustimmung) als das wichtigste Social-Media-Tool an – genutzt wird es allerdings lediglich von 50,4 Prozent der Befragten (Zerfaß et al., 2012).

Durch vielfältige kommunikative Formen und Funktionen sowie vielfältige Akteurskonstellationen und Organisationsformen unterscheidet sich das Internet deutlich von traditionellen Medien. Als Online-Kommunikation bezeichnet man per Definition „die Gesamtheit netzbasierter Kommunikationsdienste, die den einzelnen Kommunikationspartner via Datenleitung potenziell an weitere Partner rückkoppeln und ein ausdifferenziertes Spektrum verschiedenartiger Anwendungen erlauben" (Rössler 2003, S. 506 zitiert nach Zerfaß & Pleil, 2012, S. 47).

Für die Organisationskommunikation als Teil des Kommunikationsmanagements bedeutsam sind die Kommunikationsplattformen, Anwendungen und Instrumente, die durch die Kombination einer oder mehrerer dieser Dienste im Internet und Social Web entstehen.

Das Spektrum reicht von E-Mail-Newslettern über Websites (Internet-Auftritte), spezielle Web-Dienste für einzelne Bezugsgruppen (wie virtuelle Presseservices, Social Media Newsrooms, Investor-Relations-Sites, Intranets für Mitarbeiter), Wikis, Weblogs und Podcasts bis hin zu eigenen Ka-

nälen und Profilen in allgemein zugänglichen Online-Communities wie Facebook und Videoplattformen wie YouTube. Der Modus der Kommunikation (Abruf publizistischer Angebote, Diskussion, interpersonaler Austausch und Beziehungspflege) kann dabei ebenso wie der Stil (persuasiv, argumentativ, informativ), die Rollenverteilung (monologisch, dialogisch) und die Vermittlungsform (direkt, indirekt) in der sozialen Interaktion von Kommunikator und Rezipient variiert werden (Zerfaß & Pleil 2012, S. 47).

2.6.1 Social Media Release und Social Media Newsroom

Eine der zentralen Kernaufgaben von Kommunikationsmanagern umfasst die Informationsaufbereitung und -gestaltung sowie die Aufbereitung in Informationsträgern (vgl. DPRG, 2005; Röttger, 2005; Wienand, 2003), also unter anderem die Pressemitteilung. Laut Tom Forenskis Artikel „Die! Press release! Die! Die! Die!" im Silicon Valley Watcher (2006) hat diese jedoch ausgedient. Sein Beitrag hat eine bis heute anhaltende Diskussion über neue Formen der Pressemitteilung ausgelöst. Forenski sieht Pressemitteilungen als Statements meist kommerzieller Aktivitäten und hält sie für nutzlos und durchschaubar in Aufbau und Inhalt. Generell dreht es sich um „Schulterklopf-Phrasen" und Eigenlob mit denen Journalisten überflutet werden. Forenski plädiert für eine Zerstückelung der Pressemitteilung in eine Art Baukastenprinzip. Durch eine Verschlagwortung wird ein Pfad für Journalisten zur Informationsbeschaffung und –zusammenstellung geschaffen und damit ihre Unbefangenheit und Eigenständigkeit respektiert.

Amerikanische PR-Profis haben als Alternative zur klassischen Pressemitteilung das Format der *Social Media Release* (SMR) entwickelt. Timo Lommatzsch (2008, S. 41) sieht die *Social Media Release* als „Schritt auf dem Weg, dass seit Jahrzehnten etablierte Nachrichten- und Informationsvermittlungssystem von Unternehmen und Agenturen an die veränderten Informations-, Medienrezeptions- und Kommunikationsbedingungen im Internet anzupassen". Die Entstehung einer Social Media Release sieht Bernet (2010, S. 52) in drei Stufen: „klassische Medienmitteilung, suchmaschinenoptimierte Medienmitteilung, Social Media

Release". Durch die fortlaufende Veränderung der Pressearbeit und dem Dialog mit verschiedensten Stakeholdern und Multiplikatoren müssen neue Formate der Medienmitteilung gefunden werden. Dennoch gilt für eine Social Media Release als neue Form das gleiche wie für eine herkömmliche Pressemitteilung: Auf den Inhalt kommt es an. Durch eine mediengerechte Aufarbeitung können die Chancen einer Veröffentlichung einer guten Nachricht weiter gesteigert werden, fehlt jedoch der Nachrichtenwert, ändert die Darstellung nichts am Erfolg (vgl. Bonow, 2009). Laut Tilo Bonow (2009, Absatz 6) sollten „Pressemitteilungen weiterhin parallel an Journalisten versendet werden, um sowohl auf das Thema, als auch auf die online verfügbare Social Media Release aufmerksam zu machen. Die Social Media Release ersetzt somit nicht die Pressemitteilung, sondern tritt daneben (Bruhdoel & Bechtel, 2011, S. 196). Die Zusatzleistung der Social Media Release besteht darin, dass sie Journalisten als weiterführende Recherchequelle dient und darüber hinaus die Ansprache neuer Zielgruppen im Web ermöglicht". Die wesentlichen Elemente einer Social Media Release sammelte Todd Defren 2006 und gab eine Richtlinie für den Aufbau zur Diskussion frei (Anhang X sowie Abb. 7).

Veröffentlicht wird laut Bonow (2009) die Release am besten in einem Social Media Newsroom (SMN) und nicht, so wie die klassische Pressemitteilung, per E-Mail verschickt. Bernhard Jodeleit (2010, S. 219) definiert den Social Media Newsroom als speziellen „Bereich auf einer Website oder einem Blog, um Journalisten, aber auch andere Multiplikatoren wie Blogger und Twitter-Nutzer bestmöglich mit Informationen (z.B. Presseinformationen, Fotos, Produktneuheiten) zu versorgen". Abbildung 8 im Anhang zeigt einen beispielhaften Aufbau eines Social Media Newsrooms. Dieser arbeitet mit einem Blog Content Management System, so dass die Release durch Suchmaschinen auffindbar ist. Natürlich ist das richtige Tagging, also das Versehen mit Schlagwörtern, dafür Grundvoraussetzung. Im Verbund mit dem Einsatz von Social Bookmarking und Social News Sharing-Diensten sowie auf Flickr und YouTube angelegten Multimediainhalten ist so die Chance am größten, dass die Themen und Inhalte ihre Zielgruppe auch erreichen.

2.7 Empirische Ansätze der PR-Berufsforschung

Im Laufe der letzten Jahre sind eine ganze Reihe Untersuchungen zu den Qualifikationsanforderungen, zum Stellenwert von PR in verschiedenen Organisationen, zur Feminisierung, zur Ethik der PR oder der Zweiteilung des Berufsfeldes durchgeführt worden. Entstanden ist ein „empirisches Patchwork" einer unsystematischen und diskontinuierlichen Forschung, welche primär aus Doktor- und Magisterarbeiten besteht (Wienand, 2003). Neben der bemängelten zeitlichen, methodischen und inhaltlichen Kontinuität, sind die fehlenden Daten zur Grundgesamtheit der PR-Praktiker ein grundlegendes Problem. Eine Repräsentativität ist somit immer unter Vorbehalten zu sehen (vgl. ebd., 2003).

2.7.1 Merten und Wienand – eine Synopse

Um eine Beständigkeit in der empirischen PR-Berufsforschung zu etablieren, wiederholte Wienand mit ihrer Studie „Berufsprofil 2000" jene, die zuvor 1996 von Merten (1997) durchgeführt wurde. Merten verfolgte das Ziel, den damaligen Stand der Anforderungen von Public Relations an Wissen, Fertigkeiten und persönliche Eigenschaften der Berufsinhaber auszuweisen und Entwicklungstrends im Vergleich mit anderen Studien aufzuzeigen (Wienand, 2003). Wienands Ziel war es, eine Beständigkeit zu erreichen und insbesondere Mängel anderer Studien hinsichtlich Kontinuität von Methode und Inhalt abzustellen.

In beiden Studien wurde der identische Fragebogen von Merten (1997) zum Anforderungsprofil von PR verwendet und an die Teilnehmer verschickt. Die Erhebungen gingen von einer Grundgesamtheit von 20 000 PR-Praktikern in Deutschland aus. Die gezogene Stichprobe von 1 200 Adressen besteht je zu einem Drittel aus Agenturen, Unternehmen und Nonprofit-Organisationen.

Die Ergebnisse der Studien liefern zentrale Aussagen zur Demografie und Zusammensetzung des Berufsfeldes. Aus Platzgründen wird nur auf die wesentlichen Ergebnisse eingegangen. Die bereits angesprochene Akademisierung des Berufsfeldes wird in beiden Erhebungen durch eine Akademikerquote von über 80 Prozent bestätigt – davon mehr als 50 Prozent mit einem Abschluss in „PRaffinen Fächern" (Wienand, 2003). Die Relevanz einer hochschulgebundenen PR-Ausbildung wird dennoch als relativ niedrig empfunden (6,4/6,5).

In Anlehnung an die definitorisch festgelegte Einteilung von Qualifikation in Wissen, Fähigkeiten und Fertigkeiten wird der Qualifikationspart im Fragebogen in drei Blöcke zerlegt. Diese sind Wissen (-sgebiete), Fertigkeiten/Fähigkeiten sowie persönliche Eigenschaften. Auf einer Skala von 1 (maximal unwichtig) bis 10 (maximal wichtig) bewerteten die Teilnehmer die jeweils abgefragten Items in ihrer Wichtigkeit für den PR-Beruf. Wissensgebiete von zentraler Bedeutung für den Beruf sind demnach eine gute Allgemeinbildung, Grundlagen der PR, Journalistik und Kommunikationswissenschaft sowie das Wissensgebiet Rhetorik/Präsentation (vgl. Abb. 4 Anhang). Die größten Unterschiede im Vergleich von 1996 und 2000 sind im Bereich Multimedia und Online (7,1/8,9)[6] mit einem Anstieg von fast zwei Skalenpunkten zu verzeichnen.

Bei den Fertigkeiten/Fähigkeiten (vgl. Abb. 5 Anhang) liegt das Schreiben von Texten, das schnelle Hineindenken in Sachverhalte sowie das Herstellen von Kontakten obenauf. Die Bewertungen bewegen sich insgesamt auf einem sehr hohen Niveau – insbesondere im Vergleich mit den abgefragten Wissensgebieten. In seiner Befragung stellte Schildmann (2000) ebenfalls das Phänomen fest, dass „die vorgegebenen Fertigkeiten einen höheren Stellenwert für die Befragten haben als die Wissensgebiete" und „dies darauf schließen [lässt], daß [sic!] vor allem solche Qualifikationen höher bewertet werden, bei denen die Befragten einen unmittelbaren Zusammenhang zu ihrer täglichen Arbeit herstellen können".

Die relevanten persönlichen Eigenschaften (vgl. Abb. 6 Anhang) sind aus Sicht der Befragten Kreativität, Flexibilität, Ehrlichkeit und Belastbarkeit bzw. Stressresistenz. Nahezu gleichauf liegen 1996 und 2000 die Tätigkeiten im Zeitbudget: Analyse & Planung, Realisation, Kontrolle und sonstige administrative Aufgaben (vgl. Wienand, 2003). Die PR-Profis schätzen sich selbst und ihre Tätigkeit überwiegend positiv ein (Selbstbild). Sie glauben allerdings, dass sie und ihr

---

[6] links der Wert von 1996, rechts der 2000er Wert

Berufsstand in der Gesellschaft allgemein nicht so hoch angesehen sind (angenommenes Fremdbild) (vgl. ebd., 2003; vgl. Bentele, 2004).

Zu der Diskussion der Public Relations als Ausbildungs- oder Begabungsberuf liefern die Studien von Merten und Wienand ebenfalls Ergebnisse. Die befragten PR-Praktiker sind der Meinung, dass eine Begabung vorhanden sein sollte, welche im Berufsalltag durch dort erworbene Qualifikationen vervollständigt wird. In einer weiteren Studie lieferte Merten (2000) weitere Ergebnisse zu der Relevanz von Einstellungskriterien: eine gute Allgemeinbildung liegt dabei obenauf (87,2 Prozent), gefolgt von Aussehen/Stimme (79,5 Prozent), Berufserfahrung (75,4 Prozent) und Fremdsprachenkenntnissen (74,4 Prozent). Ein abgeschlossenes Hochschulstudium kommt auf 68 Prozent bei dieser Befragung.

2.7.2 European Communication Monitor und Social Media Governance

Der European Communication Monitor 2011 (Zerfaß et al., 2011) zeigt mit einer Befragung über das Kommunikationsmanagement, an der insgesamt 2.209 PR-Berater auf Senior-Ebene aus 43 Ländern teilgenommen haben, die Themenfelder der künftigen PR-Arbeit. An erster Stelle steht mit 55 Prozent Zustimmung die gezielte und systematische Nutzung von Online und Social Media. Das Knowhow über die Initiierung webbasierter Dialogmaßnahmen sowie die Kenntnis der gesetzlichen Rahmenbedingungen für Social Media weist laut dem Communication Monitor bei vielen Betroffenen erhebliche Optimierungspotenziale auf. Als wichtigste Schlüsselqualifikation (83 Prozent) wird von den Studienteilnehmern die Verbindung von traditionellen und neuen Medien angegeben (Zerfaß, Verhoeven, Moreno & Tench, 2011). Es folgen das Relationship Building (82 Prozent Zustimmung), der Umgang mit Kommunikationstechnologien (80 Prozent Zustimmung), praxisorientierte Fähigkeiten wie öffentliches Sprechen und Präsentieren (79 Prozent Zustimmung) sowie Coaching (75 Prozent Zustimmung). Ein direkter Abgleich mit den zurzeit tatsächlich angebotenen Trainingsprogrammen für PR-Verantwortliche zeigt indes eine große Lücke zwischen dem faktischen Bedarf und dem Ist-Zustand (Zerfaß et al., 2011).

In der Studie „Social Media Governance 2011" von Fink, Zerfaß und Linke (2011) geben zwei von drei Unternehmen an, Strategien für Web 2.0 und Social Media zu besitzen. Trotzdem wird die Social Media-Aktivität von mehr als der Hälfte der Befragten Organisationen mit „niedrig" angegeben. In der Studie ist im Vergleich der Jahre 2010 und 2011 eine klare Tendenz zu erkennen: der Arbeitsalltag von Kommunikationsverantwortlichen verändert sich durch das Web 2.0. Laut Social Media Governance (Fink et al., 2011) beschäftigen sich zwei Drittel der Kommunikationsmanager einen Teil ihrer Arbeitszeit mit folgenden Social Media Aufgaben: Inhalte-Management, Dialog, Netzwerkaufbau/-pflege, Konzeption/Strategische Entwicklung, Kanalaufbau und Gestaltung, Monitoring/ Erfolgskontrolle. Trotzdem ist die Social Media Kompetenz von Kommunikationsmanagern insgesamt nur durchschnittlich (vgl. ebd., 2011). Bei der Arbeit mit Social Media stehen die Inhalte im Vordergrund, Evaluation wird nur geringfügig betrieben. Der tagesaktuelle Druck durch Social Media nimmt dabei bei der Mehrheit der Befragten zu und viele haben das Gefühl „always on" sein zu müssen – für 76 Prozent ist der Aufwand zu groß.

2.7.3 Analyse von Stellenanzeigen

Laut Edith Wienand (2003) richtet sich das Interesse Berufsforschung immer wieder auf die Analyse von Stellenanzeigen, da keine gesicherten empirischen Arbeitsmarktdaten über den Kommunikationsstellenmarkt vorliegen. Offizielle und öffentliche Stellenausschreibungen stellen dabei aber nur einen Ausschnitt der Realität dar, da zahlreiche Stellen intern durch eigene Mitarbeiter oder durch persönliche Kontakte und Vermittlungen besetzt werden. Die Aussagekraft über den gesamten Stellenmarkt der Kommunikationsarbeit ist daher begrenzt. Laut Brexel (1997, S. 5) ist die Analyse von Stellenanzeigen dennoch „[...] ein wichtiges Objekt der Arbeitsmarktanalyse. Sie spiegeln die Veränderung von Angebot und Nachfrage zeitnah wider und sind damit ein wichtiger Frühindikator für [...] Entwicklungen". Neben Stellenangeboten untersuchte Peter Szyszka (1990) auch Stellengesuche. Dabei war ein deutliches Interesse von journalistisch arbeitenden Personen für den PR-Bereich zu Erkennen – über 90 Prozent der Berufswechsler gaben an, Erfahrungen im Medienbereich zu haben.

Für dieses Buch dürften die Analysen von Röttger (1997) und Wienand (1998) interessant sein. Das zentrale Studienergebnis bei Ulrike Röttger war, dass sich die Zahl der genannten Qualifikationsanforderungen gleichmäßig auf die Bereiche der *persönlichen Merkmale, Sachqualifikationen* und *PR-Qualifikationen* verteilt. Letzteres ist jedoch sehr undifferenziert in den einzelnen Angeboten. Zumeist handelt es sich um allgemeine PR-Erfahrung, also keine Spezialisierung auf einen bestimmten Bereich (vgl. Wienand, 2003). Weiterhin waren die gesuchten *PR-Qualifikationen* ebenfalls stark von der Medienarbeit geprägt. In der Studie von Wienand (1998) wurden bei einer Inhaltsanalyse von Stellenanzeigen mehr als 40 verschiedene Berufsbezeichnungen für Kommunikationsberufe gefunden. Die gefundenen Qualifikationen liegen schwerpunktmäßig bei operativen Kompetenzen. *PR-Spezifische* Qualifikationen sind entgegen der Erwartung nicht in den Vordergrund getreten, sondern haben insgesamt an Relevanz verloren (vgl. Wienand, 2003, S. 328). Generell zeigen die Untersuchungen, dass die Qualifikationsanforderungen in starkem Maße von der Position und Organisationsform des Stellenanbieters abhängig sind.

2.8 Zusammenfassung und Diskussion

Bentele (1998, S. 11) fasst die Entwicklung der PR und Professionalisierung folgendermaßen zusammen:

> *Public Relations entwickeln sich immer mehr zu einem komplexen und professionellen Kommunikationsberuf. Innerhalb nur weniger Jahrzehnte ist, jedenfalls in Deutschland, aus dem Berufsprofil eines Pressesprechers oder Leiters einer Pressestelle das projektive Bild eines Kommunikationsmanagers geworden, der für immer ausgedehntere Handlungsfelder neue praktisch-technische sowie strategisch-analytische Kompetenzen benötigt. Und ein Ende dieser Entwicklung ist noch lange nicht in Sicht.*

Die langwierige Diskussion um PR als Begabungsberuf und damit zusammenhängend die erstmalige Erarbeitung eines Berufsbild der DPRG im Jahr 2005 – mehr als 38 Jahre nach der Gründung des Verbandes – zeigt die Unverbindlichkeit im Berufsfeld. Der Stand der Anforderungen von Public Relations an Wissen, Fertigkeiten und persönliche Eigenschaften der Berufsinhaber ist einem ständigen Wandel unterzogen.

In der empirischen PR-Berufsforschung in Deutschland fehlt eine Beständigkeit und Kontinuität von Methode und Inhalt um Entwicklungen und Tendenzen aufzuzeigen. Das zeigt sich bereits in fehlenden Daten über die Grundgesamtheit des Berufsfeldes. Zahlreiche Studien nehmen sich verschiedensten Inhalten und Facetten des Berufes an. Ein Gegenbeispiel ist der *European Communication Monitor*, der den europaweiten Wandel und die Entwicklung der Public Relations in einer Langzeitstudie untersucht.

Auch in der Bedeutung der vier Grundmodelle der Public Relations von Grunig und Hunt vollzieht sich ein Wandel. In Zeiten von Social Media bekommt das Modell der symmetrischen Kommunikation neues Gewicht. Das dialogisch angelegte Modell mit ausgeglichenen, wechselseitigen Einflüssen von Organisationen und deren Teilöffentlichkeiten bilden eine sinnvolle Grundlage für die Untersuchung der Kommunikation in Zeiten von Social Media und Web 2.0. Zur Kommunikations- und Dialogkompetenz in sozialen Netzwerken kommt die technische Komponente bei der Erstellung von Social Media Releases und der Pflege von Content-Management-Systemen und Social-Media-Newsrooms. Von der Erstellung multimedialer Inhalte abgesehen, müssen diese auf den entsprechenden Plattformen bereitgestellt, verschlagwortet und verlinkt werden. Die Funktionsweise und Möglichkeiten der einzelnen sozialen Netzwerke müssen den PR-Managern ebenso bekannt sein, wie HTML-Grundkenntnisse für die Pflege und Einbindung von Inhalten in (Blog)-Content-Management-Systeme. Dazu kommt die Aktualität, Direktheit und Geschwindigkeit des Internets und einer daraus entstehenden Informationsflut. Parallel zu Internet und Social Media müssten sich auch die Kommunikationsmanager verändern und anpassen.

Den Wandel und die Entwicklung im Berufsfeld durch die Arbeit mit Social Media zu erfassen und ein aktuelles Anforderungsprofil für die Arbeit des Kommunikationsmanagers zu erstellen, nimmt sich diese Studie an.

3 Von der Theorie zur Empirie

Für die Gewährleistung der Intersubjektivität der vorliegenden empirischen Ergebnisse dieser Studie sowie einer Nachvollziehbarkeit der erhobenen Daten und ihrer Interpretation, wird im Folgenden der Forschungsprozess offen dargelegt. Die Begründung der Methodenwahl und deren Erläuterung sowie die Beschreibung des Forschungsinstrumentariums stehen dabei im Mittelpunkt. Die intersubjektive Nachvollziehbarkeit und damit die Objektivität der Untersuchung wird durch die Offenlegung der methodischen Vorgehensweise erreicht (Brosius & Koschel, 2003, S. 165).

3.1 Erkenntnisinteresse und Forschungsfragen

Der dominante Einfluss von Social Media auf die Kommunikationsarbeit ist unbestritten (vgl. Amersdorffer, 2010; Schultz & Wehmeier, 2010; Zerfaß & Pleil, 2012). Durch regelmäßige Studien wie dem European Communication Monitor (Zerfaß et al., 2007 - 2012) werden zwar Veränderungen und Prognosen in verschiedensten Bereichen des Kommunikationsmanagements aufgezeigt, jedoch kein direkter Wandel im gesamten Beruf und insbesondere dessen Anforderungsprofil. Das Interesse dieser Studie liegt in der Erforschung des Berufswandels von Kommunikationsmanagern durch Social Media und Anhand der Tools des Social Media Newsrooms und Social Media Release. Die Auswahl genau dieser beiden Tools resultiert aus deren Metamorphose. Der frühere Pressebereich und Pressemitteilungen weichen den weiterentwickelten Formen des Social Media Newsrooms und Social Media Release. Dieser Wandel im Instrumentarium könnte in direktem Zusammenhang mit einem Wandel des gesamten Berufes und seinem Anforderungsprofil stehen. Um die Aussagekraft zu erhöhen erfolgt die Untersuchung entlang dreier Dimensionen aus der Berufssoziologie: Berufsbild, Qualifikation und Tätigkeit (vgl. Wienand, 2003).

Das führt zu folgender forschungsleitender Frage:

Inwiefern verändern Social Media Releases und Social Media Newsrooms Berufsbild, Qualifikation und Tätigkeit eines Kommunikationsmanagers?

Um diese Dimensionen spezifischer zu betrachten, gibt es jeweils eine Sub-Frage pro Untersuchungsaspekt. Das **Berufsbild** ist die systematische Darstellung und Beschreibung der für einen Beruf in Betracht kommenden Merkmale, die eine Person aufweisen bzw. erwerben sollte (Schildmann, 2000, S. 40). Das ist mit einem Anforderungs- bzw. Qualifikationsprofil für den PR-Beruf gleichzusetzen. Dieses kommt am ehesten bei der Eignungsfeststellung zur Berufsausübung zum Tragen und wird daher mit Hinblick auf eine Vorstellungsgesprächssituation gestellt:

Welche Anforderungen werden durch eine Agentur mit eigenem Social Media Newsroom und Social Media Releases bei einer Neueinstellung an einen Kommunikationsmanager gestellt?

Die **Qualifikation** setzt sich aus der Gesamtheit an Wissen, Fähigkeiten und Fertigkeiten einer Person zusammen (Fuchs-Heinritz et al., 1994, S. 90). Die Frage konzentriert sich auf die in der Ausbildung vermittelten Inhalte an Wissen sowie Fertigkeiten, also erlernten Tätigkeiten und Arbeitsabläufen (vgl. Wienand, 2003). Das führt zu folgender Subfrage:

Welche Ausbildungsinhalte sollten für die Arbeit mit Social Media Releases und Social Media Newsrooms vermittelt werden? Welche Fortbildungen sind für Kommunikationsmanager vonnöten?

Neue Informations- und Kommunikationstechnologien haben Arbeits- und Kommunikationsprozesse stark modifiziert und einen sozialen Wandel eingeleitet. Insbesondere das Web 2.0 hat das Mediennutzungs- und Kommunikationsverhalten der Menschen radikal verändert (Trautwein, 2011). Die beruflichen **Tätigkeiten** im Arbeitsalltag, ein möglicher Wandel durch Verdrängung oder

Substitution einzelner Arbeitsbereiche durch das Web 2.0 stehen im Fokus dieser Subfrage:

Inwiefern verändern Social Media Newsrooms und Social Media Releases den Arbeitsalltag eines Kommunikationsmanagers?

3.2 Methodische Vorgehensweise

Nach Bortz & Döring (2006, S. 50) muss nach Abschluss der Literaturarbeit die Entscheidung getroffen werden, ob eine explanative Untersuchung mit der Prüfung einer begründeten Hypothese mittels quantitativer Forschung oder durch eine explorative Orientierung wissenschaftliches Neuland betreten wird. Aufgrund der erkundenden Orientierung (ebd., 2006) dieser Studie eignen sich vorrangig Formen der wenig standardisierten Datenerhebungen mittels qualitativer Methoden (Bortz & Döring, 2003). Nach Uwe Flick (2004) ist die qualitative Forschung von anderen Leitgedanken als quantitative Forschung bestimmt. „Wesentliche Kennzeichen sind dabei die Gegenstandsangemessenheit von Methoden und Theorien, die Berücksichtigung und Analyse unterschiedlicher Perspektiven sowie der Reflexion des Forschers über die Forschung als Teil der Erkenntnis." (Flick, 2004, S. 16). Qualitatives Material ist reichhaltiger und enthält wesentlich mehr Details als ein quantitativer Messwert (vgl. Bortz & Döring, 2006). Es wird sowohl eine Einschätzung, als auch die zugehörige Begründung erfasst. Dabei geht es nicht wie bei quantitativer Forschung um das Erklären, sondern das Verstehen ist der zentrale Punkt (ebd., 2006). Insbesondere für die Erforschung eines facettenreichen Wandels in Berufsbild, Qualifikation und Tätigkeit von Kommunikationsmanagern und zusätzlich prognostische Einschätzungen der Befragten ist eine möglichst offene Datenerhebung vonnöten. Daher wird in Kombination mit den weiteren angeführten Gründen in dieser Studie auf eine qualitative Forschungsmethode zurückgegriffen.

3.3 Untersuchungsdesign

Die wichtigsten qualitativen Grundtechniken zur Datenerhebung sind nichtstandardisierte bzw. teilstandardisierte Befragungen, Beobachtungen und nonreaktive[7] Verfahren (Bortz & Döring, 2003). Bei der Ermittlung von Fakten, Wissen, Meinungen, Einstellungen oder Bewertungen im sozialwissenschaftlichen Anwendungsbereich gilt die Befragung als das Standartinstrument der empirischen Sozialforschung (vgl. Phillips 1971, S. 3, Kaase, Ott & Scheuch, 1983, S. 3 zitiert nach Schnell, Hill & Esser, 2005). Qualitative Befragungen bieten die Möglichkeit die subjektive Sichtweise von Akteuren über vergangene Ereignisse, Meinungen oder Erfahrungen in der Arbeitswelt wiederzugeben (Bortz & Döring, 2003). Ein zentrales Forschungsinteresse besteht in der subjektiven Sichtweise von Praktikern zu Veränderungen und einem möglichen Wandel in ihrem ausgeübten Beruf. Aus diesem Grund ist es naheliegend, die verbalen Daten der PR-Praktiker mittels einer qualitativen Befragung zu erheben. Es existiert eine Vielzahl an Varianten von qualitativen Interviews. Grundlegend gilt es zwischen einer Gruppenbefragung und einer Einzelbefragung abzuwägen. Für eine Gruppendiskussion zum vorliegenden Thema spräche eine gemeinsame Auseinandersetzung der Gruppe mit verschiedensten sozialen Einflüssen und Erfahrungen der Teilnehmer. Dagegen spricht sowohl der organisatorische Aufwand der Terminfindung, als auch der dominante Einfluss von Meinungsführern auf andere Diskussionsteilnehmer, welcher insbesondere bei den befragten Kommunikationsmanagern durch ihre Rhetorik- und Präsentationskenntnisse stark ausgeprägt sein dürfte. Diese beiden Gründe sprechen klar für eine Einzelbefragung.

Bei der Einzelbefragung wird zwischen dem narrativen und dem problemzentrierten Interview (Mayring, 2002) unterschieden. Die offenen, halbstrukturierten Befragungen bei problemzentrierten Interviews (ebd., 2002) sind bei der vorliegenden Problemstellung dem freien Erzählen des Interviewpartners

---

[7] Unbemerkte Datenerhebungsmethode, die während ihrer Durchführung die untersuchten Personen, Ereignisse oder Prozesse in keiner Weise beeinflusst, da die Datenerhebung (Bortz & Döring, 2003)

vorzuziehen. Insbesondere eine Vergleichbarkeit der Aussagen wird somit gewährleistet und eine übersichtlichere Analysegrundlage geschaffen.

3.4 Das leitfadengestützte Experteninterview

Als Methode dient das *leitfadengestützte Experteninterview*, in dem das Wissen von Experten über einen bestimmten Sachverhalt eruiert werden soll (Gläser & Laudel, 2009). Verschiedene methodologische und forschungspraktische Überlegungen sprechen für die Wahl des mündlichen, teilstandardisierten Interviews als Erhebungsinstrument. Es besteht die Erwartung, dass „in der relativ offenen Gestaltung der Interviewsituation die Sichtweisen des befragten Subjekts eher zur Geltung kommen als in standardisierten Interviews oder Fragebögen" (Flick, 2004). Dabei handelt es sich um Untersuchungen, „in denen soziale Situationen oder Prozesse rekonstruiert werden sollen, um eine sozialwissenschaftliche Erklärung zu finden" (ebd., 2009, S. 13). Im Kontext der Kommunikationswissenschaft eignen sich Interviews insbesondere, um bestimmte Aspekte des subjektiven Erlebens (sog. Erfahrungsgestalten) zu erfassen. Die Offenheit für die subjektive Sicht des Interviewpartners ist dabei begrenzt durch das reine Interesse am Experten und nicht an der Person. Durch dieses Interesse an mehreren Experten in der Befragung ist ein Leitfaden als Strukturierungsinstrument und für die Vergleichbarkeit der einzelnen Interviews vonnöten (Flick, 2004, S. 190 f.). Die Entwicklung eines Leitfadens fordert zudem eine intensive Auseinandersetzung mit der Thematik für den Interviewer selbst und schafft die notwendige Gesprächskompetenz für die Befragung der Experten. Die Interviewsituation an sich erfordert eine flexible Handhabung des Leitfadens, eine non-direktive Gesprächsführung und das weitgehende Zurückhalten eigener Bewertungen (ebd., 2004). Bei Experteninterviews ist nach Meuser und Nagel (1991, S. 449 f.) die zentrale Frage, „ob es gelingt, das Interview und den Interviewten auf das interessierende Expertentum zu begrenzen bzw. festzulegen".

3.4.1 Planung und Durchführung

Während bei quantitativen Untersuchungen statistische Repräsentativität angestrebt wird, steht bei qualitativen Untersuchungen die Generalisierbarkeit der Ergebnisse im Vordergrund. Diese kann erreicht werden, in dem die Stichprobe den untersuchten Fall inhaltlich repräsentiert (vgl. Flick, von Kardorff & Steinke, 2010). „Es geht nicht darum, die Verteilung von Merkmalen in Grundgesamtheiten zu erfassen, sondern darum, die Typik des untersuchten Gegenstandes zu bestimmen und dadurch die Übertragbarkeit auf andere, ähnliche Gegenstände zu gewährleisten" (Hartley, 1994, S. 225 zitiert nach Flick et al., 2010, S. 291). Bei dem Ziehen der Stichprobe sollte die maximale Variation angestrebt werden: Sie sollte möglichst facettenreich sein und nicht nur günstige Fälle zur Bestätigung des Wissensstandes (vgl. Flick et al., 2010) beinhalten. Letztendlich sollte die Auswahl insgesamt eine exemplarische Generalisierung der Ergebnisse ermöglichen.

Generell gibt es zwei unterschiedliche Varianten der Stichprobenziehung. Die Stichprobe kann einerseits vor Beginn der Untersuchung anhand bestimmter Merkmale festgelegt sein. Die zweite Möglichkeit ist das theoretische Sampling. Dabei wird, jeweils auf Basis des aktuellen Erkenntnisstandes, die Stichprobe erweitert und ergänzt, also während der Untersuchung abgeändert (vgl. Flick et al., 2010). Diese Art der Stichprobenbildung wird vorrangig bei Untersuchungen verwendet, bei denen sich eine genaue Fragestellung erst im Verlauf konkretisiert (Mayer, 2009). Da in dieser Veröffentlichung bereits von Anfang an eine konkrete Fragestellung vorliegt, wird der zweite Typ der Stichprobenbildung vernachlässigt und im Folgenden die konkreten Merkmale der Stichprobe vorgestellt.

Bei Vorrecherchen konnten lediglich 19 Agenturen[8] mit eigenem Social Media Newsroom ermittelt werden. Eine einfache Google-Suche sollte dafür eine hohe

---

[8] PR-Agenturen sind von Organisationen, gesellschaftlichen Gruppen oder Einzelpersonen beauftragte Dienstleistungsunternehmen, die mit mindestens fünf festangestellten Mitarbeitern (eventuell auch projektweise mit freien Mitarbeitern) kommunikative Aufgaben lösen oder lösen helfen sollen. Dabei verwalten sie treuhänderisch die Kundenetats und erzielen dadurch als

Aussagekraft haben, da die Verschlagwortung und Auffindbarkeit bei Google zu den Arbeitsmaximen mit Social Media Newsrooms zählt. Eine Liste von rund 1400 Kommunikationsagenturen in Deutschland und deren Partneragenturen, welche im PR-Report Compendium 2012 (PR-Report, 2012) gelistet sind, stellen die Grundlage für die Stichprobenziehung dar. Aus dieser Gesamtliste wurden fünf Agenturen mit jeweils einem Interviewpartner ausgewählt. Die Agenturen selbst müssen einen eigenen Social Media Newsroom besitzen und diesen als Instrument zur Bereitstellung von Informationen nutzen. Für eine größtmögliche Vielfältigkeit sollten sich die einzelnen Agenturen außerdem in ihrem Kundenstamm hinsichtlich der Einordnung nach Unternehmensgröße[9] ihrer betreuten Kunden in kleine Unternehmen, Mittlere Unternehmen sowie Großunternehmen unterscheiden.

Um alle Fragen adäquat und aussagekräftig beantworten zu können, mussten die Gesprächspartner selbst ebenfalls bestimmte Merkmale aufweisen und Expertise für die Bereiche Berufsbild, Qualifikation und Tätigkeit von Kommunikationsmanagern aufweisen. Sie müssen daher eine Einstellungsbefugnis für neue Mitarbeiter besitzen und selbst mit Social Media Newsroom und Releases arbeiten. Für eine größtmögliche Qualifikations- und Ausbildungsvariation und eine exemplarische Generalisierung der Ergebnisse wurden zwei Interviewpartner mit Hochschulstudium, zwei ohne Hochschulstudium sowie ein Quereinsteiger mit Studium ausgewählt.

3.4.2 Leitfadenentwicklung

Der Leitfaden ist das Erhebungsinstrument der Studie und dient im Gegensatz zu einem standardisierten Fragebogen lediglich als eine Art Gerüst für das Gespräch (vgl. Flick et al., 2010). Reihenfolge und Form der Fragen liegen im Ermessen des Interviewers. Jeglicher Verzicht auf eine thematische Vorstrukturierung durch

---

erwerbswirtschaftlich orientierte Dienstleister hauptsächlich oder vollständig ihre Erlöse. (Nöthe, 1994, S.66)
[9] Definierte Grenzen hinsichtlich Beschäftigtenzahl, Umsatzerlös oder Bilanzsumme dürfen jeweils nicht überschreiten werden. Unternehmen, die die Grenzen überschreiten, werden Großunternehmen genannt (vgl. EU Amtsblatt, 2003)

den Leitfaden würde jedoch Steuerungsprobleme bereiten sowie die Gefahr bergen, als inkompetenter Gesprächspartner zu gelten. Dem Leitfaden liegen offene Fragen zu Grunde, auf die der Experte möglichst frei und umfassend antworten sollte. Dabei gewährleistet der Leitfaden eine gewisse Vergleichbarkeit und Strukturierung der Aussagen (Mayer, 2009).

Nach einer Aufklärung hinsichtlich Funktion und Ziel dieser Studie sowie der Einwilligung des Interviewpartners zu Aufzeichnung und Datenschutz folgt eine allgemeine, einleitende Einstiegsfrage zum Gesprächsbeginn. Alle Fragen sollten so angeordnet sein, dass inhaltlich zusammengehörige Themen nacheinander behandelt werden (Gläser & Laudel, 2009). Die Strukturierung des Leitfadens erfolgte anhand berufssoziologischer Dimensionen, denen die Theorie zugrunde liegt (vgl. Kapitel 2.3; vgl. Wienand, 2003). Diese stellen jeweils zusammenhängende Blöcke dar, zwischen denen ein möglichst natürlicher Übergang ohne Bruch im Gespräch erfolgen sollte.

Social-Media Nutzung: Dieser erste Block folgt unmittelbar auf die Einstiegsfrage zum erstmaligen Social Media-Kontakt der Interviewpartner. Es geht um die Entwicklung dieses Bereichs für das private und berufliche Leben und eventuelle Einflüsse darauf. Neben der Entwicklung geht es um die Entstehung des Social Media Newsrooms in der Agentur und den allgemeinen Umgang mit Trends, Neuerungen und Plattformen im Web 2.0.

Berufsbild: Diese Dimension behandelt die geforderten Schlüsselkompetenzen, persönliche Eigenschaften und Merkmale von Kommunikationsmanagern – insbesondere für den professionellen Umgang mit Social Media Newsroom und Release. In diesem Block findet außerdem die Diskussion um Public Relations als Begabungsberuf (vgl. Wienand, 2003; Fröhlich, 2005; DPRG, 2005) und die Akademisierungsquote (vgl. Merten, 1997; Wienand, 2003) Einzug. Zusammenfassend geht es um ein Anforderungs- bzw. Qualifikationsprofil an Bewerber und einen eventuellen Wandel dessen.

Qualifikation: Der Block dieser Dimension beschäftigt sich mit der Ausbildungssituation und erforderlichen Inhalten einer PR-Ausbildung – im Speziellen für SMN und SMR. Neben dem Optimierungspotenzial der Agenturmitarbeiter und den angebotenen Weiterbildungen geht es um die Bringschuld von Mitarbeitern, sich selbst weiterzubilden und auf dem neuesten Stand zu bleiben.

Tätigkeit: Diese Dimension behandelt den quantitativen und qualitativen Einzug von Social Media in den Arbeitsalltag, daraus resultierende Veränderungen und eventuelle Substitutionsprozesse. Dabei baut der Block auf die Studie Social Media Governance (Fink et al., 2011) auf, welche quantitativ die Arbeit von Kommunikationsmanagern rund um Social Media erhebt: Arbeitszeit, Aufgaben und Kompetenzen. Außerdem geht es um das Verhältnis von klassischer Pressemitteilung zu Social Media Release bei dem Presseaussand in den Agenturen der Experten und die mögliche Veränderung von Arbeitspensum und Belastung durch das Web 2.0.

Schlussbemerkung: Zum Abschluss des Interviews wird die Expertensicht bei der Einschätzung und Prognose zur künftigen Entwicklung von SMNs und SMRs abgefragt. Weiterhin wird die Möglichkeit eingeräumt, Fragen zu stellen oder Aspekte des Themas zu benennen, die eventuell zu kurz gekommen sind. Nach der Danksagung werden noch grundlegende demografische Daten abgefragt.

3.4.3 Durchführung

Die Daten werden basierend auf einem Querschnittdesign erhoben. Nach der Erstellung des Leitfadens wurde dieser zunächst mit Laien ohne Expertensicht auf das grundlegende Verständnis, die Komplexität der Fragen und den generellen Ablauf getestet. Nach dem Abstellen einiger allgemeiner Mängel wurde der endgültige Fragebogen für einen *Pretest* fertiggestellt. Dieser wurde face-to-face mit Volker Körkemeier durchgeführt. Herr Körkemeier ist aktuell PR-Manager Nickelodeon bei Viacom und ehemals PR-Manager und Projektleiter bei Schröder + Schömbs PR in Berlin. In einem sehr umfangreichen und intensiven Meeting wurde neben dem Pretest des Leitfadens auch die generelle Struktur des Interviews, Ziel der Studie und fachliche Einschätzung sowie Missverständlichkeit und Komplexität der Fragen besprochen und ggf. überarbeitet. Dabei wurden zwei Fragen aufgrund inhaltlicher Ähnlichkeit, Zeitmangel und Definitionskomplexität ersatzlos gestrichen. Der finale Leitfaden befindet sich im Anhang. Die gestrichenen Fragen wurden gekennzeichnet.

Alle Experten wurden telefonisch angesprochen, um in direktem Kontakt einen Gesprächstermin zu vereinbaren, Thema und Ziel zu erläutern sowie offene Fragen direkt zu klären. Auf dieses Telefonat folgte zusätzlich eine Bestätigungs-Mail für den Termin und außerdem alle relevanten Informationen zum Thema und Hintergrund der Studie, Forschungszweck sowie zur Aufzeichnung des Gesprächs und Datenschutz. Dadurch konnte bei den eigentlichen Interviews Zeit für organisatorischen Aufwand eingespart werden. Zwei Gespräche fanden persönlich in Berlin statt, die restlichen drei wurden telefonisch durchgeführt.

Um technische Probleme möglichst gering zu halten, erfolgte die Aufzeichnung sowohl über ein Diktiergerät, als auch parallel dazu via Laptop und Mikrofon. Probleme gab es dabei nicht und alle Audiodateien konnten problemlos für eine Transkription mit f4 verwendet werden. Diese erfolgte in einheitlich formatierter, maschinengeschriebener Form unter Berücksichtigung der sich im Anhang befindlichen Transkriptionsanweisungen (Anhang XV). Alle Transkripte befinden sich auf dem beigefügten digitalen Speichermedium.

Die größte Herausforderung im Interview war es, die Gesprächsqualität konstant hoch zu erhalten. Durch die wechselnden thematischen Blöcke, welche trotzdem aufeinander aufbauen, wurde dem Abflauen des Gesprächs und kürzeren Antworten entgegengewirkt. Alle Gesprächspartner waren durchweg sehr aufgeschlossen, interessiert und nahmen sich viel Zeit für das Interview. Obwohl alle Transkripte einen ähnlichen Umfang besitzen, variierte die Gesprächsdauer zwischen 28 und 58 Minuten bei identischer Qualität der Antworten.

3.5 Analyse von Stellenanzeigen

Wie bereits in Kapitel 2.7.3 ausführlich erläutert, dienen Stellenanzeigen als wichtiges Objekt der Analyse eines Berufsfeldes aus der Perspektive der Leistungsabnehmer (vgl. Brexel, 1997). Um den Wandel von Berufsbild, Qualifikation und Tätigkeit von Kommunikationsmanagern durch Social Media Newsrooms und Social Media Releases genauer einschätzen zu können, sollen die leitfadengestützten Experteninterviews durch eine qualitative Inhaltsanalyse von Stellenanzeigen der fünf ausgewählten Agenturen unterstützt werden. Da die Untersuchung darauf abzielt, einzelne ausgewählte Stellenanzeigen zu interpretieren und keine Vielzahl von Anzeigen zu analysieren, ist eine qualitative Vorgehensweise angebracht. Schlüsselinformationen zum Wandel von Berufsbild, Qualifikation und Tätigkeit sollen aus den entsprechenden Stellenanzeigen extrahiert werden. Bei der Extraktion werden die für die Untersuchung relevanten Informationen aus dem Text nach dem Lesen entsprechenden Kategorien des Suchrasters zugeordnet (vgl. Gläser & Laudel, 2009).

Um eine Veränderung im Zeitverlauf zu untersuchen, sollen aktuelle Stellenanzeigen der Agenturen für das Berufsfeld Öffentlichkeitsarbeit älteren gegenübergestellt werden. Problematisch dabei ist die Beschaffung des geeigneten Untersuchungsmaterials. Alte Stellenanzeigen wurden häufig nicht archiviert und sind daher nicht mehr verfügbar. Außerdem trat das in Kapitel 2.7.3 angesprochene Problem der internen und persönlich vermittelten Stellenbesetzungen, welche ohne Veröffentlichung von Anzeigen abläuft, ein. Aufgrund dieser Problematiken gibt es nur unvollständiges Untersuchungsmaterial; die folgende Tabelle zeigt einen Überblick:

Agentur	Anzeige alt	Anzeige aktuell	Anmerkung
Schröder + Schömbs PR	1999	2012	unterschiedliche Stellen
TLGG	X	2012	Keine Anzeigen archiviert
Sympra	X	X	Kein Material
denkbar PR	X	X	Alle Stellen intern besetzt
Zucker.Kommunikation	2002	2012	✔

Aufgrund des nicht ausreichenden bzw. mangelhaften Materials ist keine adäquate Analyse der Stellenanzeigen möglich. Außerdem bestünde die Gefahr einer Verzerrung des Ergebnisses. Diese Analyse sollte zur unterstützenden Untersuchung des Wandels im Beruf durchgeführt werden und die qualitative Inhaltsanalyse der Experteninterviews unterstützen. Aus den genannten Gründen wird daher bewusst auf eine Analyse der Stellenanzeigen verzichtet.

3.6 Qualitative Inhaltsanalyse

Für die Auswertung der Interviews wurde die qualitative Inhaltsanalyse angewandt. Das empirische Vorgehen ist somit eine Methodenkombination aus leitfadengestützten Experteninterviews und qualitativer Inhaltsanalyse. Die Stärke der qualitativen Inhaltsanalyse liegt in der regelgeleiteten, systematischen Analyse von sehr umfangreichem Textmaterial (Bortz & Döring, 2003; Gläser & Laudel, 2010). Zur Auswertung qualitativer Forschungsmethoden dienen interpretative Verfahren. Nach einer Gliederung und Strukturierung werden die wichtigsten Grundideen herausgearbeitet und transparent gemacht. Ziel des inhaltsanalytischen Vorgehens ist es, die manifesten und latenten Inhalte in ihrer Aussagenbreite und -komplexität auf ein Wesentliches zu reduzieren, ohne dabei in vorschnelle Quantifizierungen abzugleiten (vgl. Bortz & Döring, 2006). Jegliches qualitatives Material wird dabei systematisch und gleichberechtigt in die Untersuchung mit einbezogen. Relevantes Material bewusst außen vor zu lassen verstößt gegen die Verfahrensregeln. Qualitative Inhaltsanalysen bezwecken eine Interpretation, die intersubjektiv nachvollziehbar und inhaltlich möglichst holistisch und erschöpfend ist. Ein Indiz für die Gültigkeit der Interpretation wäre es, wenn mehrere Interpreten bei der Deutung des Materials zum selben Ergebnis kommen (ebd., 2006).

Für die vorliegende Auswertung der Interviews wurde die qualitative Inhaltsanalyse nach Gläser und Laudel angewandt (Gläser & Laudel, 2010). Gegenüber der qualitativen Inhaltsanalyse von Mayring (2010) bietet das Verfahren von Gläser und Laudel trotz der Ähnlichkeit einige Modifikationen. Mayring orientiert sich sehr stark an der quantitativen Inhaltsanalyse und wendet ein nicht mehr veränderbares Kategoriensystem auf die Texte an. Das dient der Häufigkeitsanalyse bei dem Auftreten einzelner Kategorien (vgl. Gläsel & Laudel, 2010). Gläser und Laudel (2010, S. 199) gehen davon aus, dass bei dem Mayring'schen Verfahren, bei einer Abgleichung des Kategoriensystems mit lediglich ca. 30 - 50 Prozent des Gesamtmaterials, der restliche Text mit einem unveränderlichen und möglicherweise ungeeigneten Kategoriensystem untersucht wird. Als weit schwerwiegender erachten sie, dass das Verfahren Häufigkeiten analysiert, anstatt komplexe Informationen zu extrahieren (ebd., 2010, S. 199). Für die Aufklärung von Kausalmechanismen ist das jedoch notwendig. Das System von Gläser und Laudel weist im Vergleich zu Mayring die grundsätzliche Änderung auf, dass das Kategoriensystem im gesamten Verlauf der Auswertung an Besonderheiten des Materials angepasst werden kann und veränderlich bleibt.

3.6.1 Konkretes Ablaufmodell der Interviewanalyse

In erster Linie geht es darum, das vorliegende Textmaterial geordnet auf eine überschaubare Menge themenbezogener und relevanter Aussagen zu reduzieren und dabei stets ein Abbild des gesamten Grundmaterials darzulegen. Im Folgenden wird der Ablauf grob dargestellt. In Abbildung 9 im Anhang ist die grafische Aufbereitung des Prozesses nachzuverfolgen.

Die Extraktion

Die auszuwertenden Texte werden als Material behandelt, welches Daten enthält. Es ist eine Informationsfülle vorhanden, welche durch die nur teilweise durch den Interviewer geleitete Erzählung des Interviewpartners entsteht. Zur methodischen Vorbereitung müssen die Analyseeinheiten festgelegt werden und das auszuwertende Material fixiert werden (vgl. Gläser & Laudel, 2010). Die Fixierung bedeutet zu entscheiden, auf welche Texte die Analyse angewandt wird. In diesem Fall handelt es sich um die vorliegenden fünf Transkripte der durchgeführten Interviews.

Als Analyseeinheit dient in dieser Untersuchung jeder Textbestandteil, der Aussagen über Berufsbild und Anforderungsprofil, Qualifikation und Tätigkeit von Kommunikationsmanagern enthält sowie den Einfluss von Social Media Newsrooms und Social Media Releases. Aufbauend auf den theoretischen Vorüberlegungen wird ein Suchraster mit Kategorien für die Extraktion der Daten konstruiert. Alle Variablen, Dimensionen und Kausalzusammenhänge aus den theoretischen Vorüberlegungen werden bei der Erstellung der Kategorien an die Kenntnis des zu untersuchenden Materials angepasst. Das Kategoriensystem kann während der Untersuchung stets verändert werden, falls relevante Informationen im Text aufkommen, welche jedoch nicht in das bestehende System passen. Es können sowohl neue Kategorien gebildet, als auch Dimensionen bestehender verändert werden (vgl. ebd., 2010). Ein Entfernen der Kategorien ist nicht möglich. Das Kategoriensystem befindet sich im Anhang. Alle Merkmalsausprägungen werden frei verbal beschrieben – also nominalskaliert. Es werden gewissermaßen offene Fragen an den auszuwertenden Text gestellt. Durch diesen Umgang mit dem Kategoriensystem wird die Effizienz der Auswertung erhöht. Die für die Beantwortung der Forschungsfrage relevanten Informationen werden dann entnommen – die sogenannte Extraktion – und anschließend ausgewertet. Dabei ist die qualitative Inhaltsanalyse das einzige Verfahren der qualitativen Textanalyse, welches sich frühzeitig und konsequent vom Ursprungstext trennt, die Informationsfülle systematisch reduziert und gemäß dem Untersuchungsziel strukturiert (vgl. Gläser & Laudel, 2010, S. 200). Die Extraktion, Zuordnung zu einer Kategorie und verbale Beschreibung des Informationsinhaltes beruhen auf Textinterpretationen des jeweiligen Bearbeiters. Trotz Regeln sind diese Verstehensprozesse aber immer individuell geprägt (vgl. Gläser & Laudel, 2010).

Die Aufbereitung

Bei der weiteren Bearbeitung der extrahierten Rohdaten wird die Quellenangabe, also der Verweis auf die Textstelle, stets mitgeführt. Inhaltliche Entscheidung können so stets überprüft und rückverfolgt werden. Diese Vorgehensweise stellt ein Mindestmaß an intersubjektiver Reproduzierbarkeit dar (Gläser & Laudel,

2010). Bei der Aufbereitung werden die Rohdaten zusammengefasst sowie auf Widersprüche und Redundanzen geprüft. Auf die Beseitigung elementarer Fehler folgt eine Sortierung nach zeitlichen oder sachlichen Aspekten. Auch dieser Teil beruht mit einer interpretativen Auseinandersetzung mit dem Text auf individuellen Entscheidungen. Ergebnis dieses Abschnitts ist eine strukturierte Informationsbasis für die anschließende Auswertung.

Die Auswertung

Dieser Teil ist die eigentliche Analyse von Fällen und fallübergreifenden Kausalzusammenhängen, gemeinsamem Auftreten von Merkmalsausprägungen und Typisierungen (vgl. Gläser & Laudel, 2010). In Kapitel 4 werden die Ergebnisse ausführlich dargestellt und erläutert.

Die Extraktion und Aufbereitung erfolgte computergestützt mit Hilfe von MAXQDA 10, Generealisierung und Reduktion wurden mit den exportierten Daten für Microsoft Excel zusammengefasst. Die einzelnen Schritte können gemäß Abbildung 9 im Anhang nachvollzogen werden.

3.7 Methodenreflexion

Objektivität, Reliabilität und Validität kennzeichnen die zentralen Gütekriterien quantitativer Messungen. Für qualitative Gütekriterien gibt es verschiedene Ansätze und Sichtweisen. Diese werden bei Steinke (Flick et al., 2010) ausführlich dargestellt. Aus Platzgründen wird hier auf die Erläuterung verzichtet.

Dennoch gibt es vier allgemeine methodologische Prinzipien, die für die gesamte Sozialwissenschaft gelten, unabhängig von Erklärungsstrategie und Methodenwahl (vgl. Gläser & Laudel, 2010, S. 30). Aus diesen Grundprinzipien lassen sich jeweils speziellere Gütekriterien ableiten. Im Folgenden werden diese Grundprinzipien kurz erläutert und ein Bezug zum vorliegenden Forschungsprozess dieser Studie hergestellt.

Das *Prinzip der Offenheit* fordert, dass ein empirischer Forschungsprozess stets für unerwartete Informationen offen sein muss. Insbesondere für negative

Aspekte des Gegenstandes, welche dem entwickelten Vorverständnis der Untersuchung widersprechen. Sowohl aus der theoretischen Analyse, als auch Vorurteile aus dem Alltagswissen. Die Offenheit war in der vorliegenden Untersuchung stets gewährleistet, negative Aspekte haben gleichrangigen Einzug erhalten.

Das *Prinzip des theoriegeleiteten Vorgehens* betont die Notwendigkeit, an vorhandenes theoretisches Wissen über den Untersuchungsgegenstand anzuknüpfen. Ausschließlich auf diese Weise kann zu diesem Wissen beigetragen werden. Diese Studie beruht auf theoriegeleitetem Vorgehen. Die Theoriebasis setzt sich aus kommunikationswissenschaftlichen und berufssoziologischen Aspekten zusammen und wird durch empirische Studien zu diesen Themenbereichen gestützt.

Das Prinzip des *regelgeleiteten Vorgehens* fordert, dass die Wissensproduktion expliziten und kommunizierten Regeln folgen muss für eine mögliche Rekonstruktion durch andere Wissenschaftler. Das ist die Basis des Vertrauens in der Wissenschaft (Gläser & Laudel, 2010). Das anzustrebende Minimum intersubjektiver Reproduzierbarkeit beinhaltet die Angabe der Schritte, exakten Regeln und Vorgehensweise bei dem Weg von der Frage zur Antwort. In einer sorgfältigen Darstellung von Fragestellung, Methodik, Vorgehensweise, einzelner Entwicklungsschritte und Analyse hält die vorliegende Untersuchung dieses Prinzip mit größtmöglicher Akribie ein.

Das *Prinzip vom Verstehen als „Basishandlung" sozialwissenschaftlicher Forschung* fordert das Verstehen als eine im Forschungsprozess unverzichtbar zu erbringende Leistung, deren Realisierung methodisch abzusichern ist (vgl. Gläser & Laudel, S. 32). Es geht darum zu erfassen, warum Untersuchte so handeln und ihre Situationsinterpretationen nachzuvollziehen. Diese Auffassung ist eine interpretative Leistung des Forschers. Das Verstehen ist also nicht nur das *Ziel*, sondern auch das *Mittel* der sozialwissenschaftlichen Forschung. Diesem Prinzip wird auch in diesem Buch der nötige Platz eingeräumt (ebd., S. 33).

4 Ergebnisse

In diesem Kapitel werden die Ergebnisse durch die qualitative Inhaltsanalyse der leitfadengestützen Experteninterviews präsentiert und anhand der einzelnen Auswertungskategorien erläutert. Die Kategorien Berufsbild, Qualifikation und Tätigkeit orientieren sich an der Forschungsfrage und den gebildeten Subforschungsfragen der einzelnen Dimensionen. Die beiden zusätzlichen Kategorien behandeln die private und berufliche Social Media-Entwicklung der befragten Experten und deren Kommunikationsagenturen sowie das Anforderungsprofil an Bewerber für den Beruf des Kommunikationsmanagers in der Agentur. Ziel ist es, neben der Beantwortung der Forschungsfragen auch ein aktuelles und an moderne Kommunikationstools angepasstes Anforderungsprofil für den Beruf des Kommunikationsmanagers zu erstellen.

4.1 Berufsbild

4.1.1 Persönlichkeitsmerkmale/Schlüsselkompetenzen

Bei den Ergebnissen der qualitativen Inhaltsanalyse gibt es hinsichtlich dieser Kategorie die meisten Übereinstimmungen und Nennungen bei den ganz allgemeinen Persönlichkeitsmerkmalen. Demnach müssen Kommunikationsmanager sozial sehr kompetent sein und ein freundliches, aufgeschlossenes, kontaktfreudiges und eloquentes Auftreten aufweisen. Die Kommunikativität der Personen wird außerdem als elementare Eigenschaft empfunden und damit verbunden eine persönliche Vernetztheit und Sichtbarkeit – sowohl im „realen Leben", als auch in sozialen Netzwerken. Weiterhin zählen bei den Experten Neugierde, Überzeugungskraft und Kreativität zu den wichtigsten Eigenschaften für den Beruf.

Während bezüglich des Aspektes Wissen bei Holger Post der stetige fachlich neueste Stand im Vordergrund steht, sind bei Matthias Bonjer eine hohe Allgemeinbildung, Wissen und Trends über die Bundesrepublik Deutschland sowie ein technisches Wissen und Verständnis im Mittelpunkt. Claudia Mutschlechner nennt als Einzige konkret auf die Tätigkeit als Kommunikationsmanager bezogene Eigenschaften, wie strategischen Weitblick, eine gute Planung und Realisierung sowie den aus eigenen Erfahrungen mit Kollegen als sehr wichtig empfundenen Umgang mit dem Budget.

4.1.2 Berufszugang

Diese Kategorie behandelt die in Kapitel 2.4 erläuterte Akademisierungsquote und die Diskussion, ob die PR ein Begabungsberuf sei. Die befragten Experten sind sich bis auf eine Ausnahme in allen Punkten bei diesen beiden Themen einig. Alle Interviewpartner halten die PR für ein erlernbares Handwerk und sprechen sich gegen den Begabungsberuf aus. Zusätzlich wird auf die im vorherigen Abschnitt bereits angesprochenen sozialen Kompetenzen hingewiesen und die grundmenschlich, charakterlichen Grundvoraussetzungen für den Beruf sowie ein gewisses Interesse und die private Auseinandersetzung mit Medien. Matthias Bonjer geht so weit zu sagen, dass die Mehrheit der Menschen zur Berufsausübung der Public Relations in der Lage sei. Er verweist dabei auf die Erlernbarkeit und Trainierbarkeit von Sprache, Texten, Präsentation, Gesprächsführung und Kreationstechniken.

Bei der Ziehung der Stichprobe wurden bewusst für eine größtmögliche Qualifikations- und Ausbildungsvariation der Experten zwei Interviewpartner mit Hochschulstudium, zwei ohne Hochschulstudium sowie ein Quereinsteiger mit Studium ausgewählt. Bis auf einen Befragten ohne Studium sprechen sich alle Experten für ein Hochschulstudium aus. Die Befürworter des Studiums schätzen das Erlernen von Arbeitstechniken, die Aufarbeitung und Strukturierung von Themen, Recherche- und Problemlösungskompetenz sowie die Sorgfalt bei der Arbeit. Hinzu kommt eine allgemeine Reife und Eigenständigkeit. Generell sind es Ausbildungsinhalte, die in jedem Studium zu finden sind und die Experten legen sich nicht speziell auf ein kommunikationswissenschaftliches oder Kommunikationsmanagement-Studium fest. Während bei Holger Post das Studium als Einstellungskriterium gilt, hält Mathias Bonjer es für „notwendig aber nicht hinreichend" (Transkript Bonjer, 28). Diese Aussage stützt auch Claudia Mutschlechner in dem sie die Arbeitserfahrung als entscheidendes Kriterium zum Berufszugang befürwortet. Gerald Schömbs – selbst ohne Studium – sprach sich viele Jahre in seinem Beruf gegen ein Hochschulstudium aus und hielt dieses nicht für notwendig. Mittlerweile hat sich das bedingt durch die Enttäuschung über die Qualifikation vieler Berufseinsteiger geändert: „Da entsteht so eine ganz schlimme Form von Dilettantismus. Das erkennt man dann an der Form wie E-Mails geschrieben werden und wir sind schon noch in einem sehr hochprofessionellen Sektor tätig" (Transkript Schömbs, 30). Um diesem Dilettantismus entgegenzuwirken hält er generell ein Studium für notwendig.

4.2 Qualifikation

4.2.1 Ausbildung

Die Einschätzung der Experten zur Social Media-Ausbildung in Deutschland reicht von „rudimentär vorhanden" über „noch nicht wahrgenommen" bis „sehr schlecht". Das Fazit fällt demnach durchweg negativ aus. Matthias Bonjer sieht eine Verbesserung durch die Wechsel in den Professoren- und Dozentenschichten und damit verbunden einer integraleren Betrachtung des Web 2.0-Themas. Dennoch sind seiner Meinung nach die momentan vermittelten Inhalte lediglich Grundlagen und weit entfernt vom State of the Art (vgl. Transkript Bonjer, 37). Holger Post sieht das Problem in der mangelnden Fokussiertheit und Ausrichtung auf Social Media in der Ausbildung und insbesondere im Studium. Gerald Schömbs vermutet, dass das Thema nur sehr langsam Einzug erhalten wird und sieht die Integration von Social Media als einen sehr langwierigen Prozess an, während Bonjer ein System an Hochschulen zur Integration des stetigen Entwicklungsschubes im Social Media-Bereich fordert.

Generell sollte laut den Interviewpartnern eine ganzheitliche Kommunikation, die unterschiedliche Funktionsweise der Pressearbeit sowie Verständnis und Erfahrung mit Social Media vermittelt werden. Dabei sollte es um sämtliche Kanäle und Grundlagen gehen sowie den Einsatz und die Vernetzung von Social

Media und die Informationsdistribution. Laut Holger Post könnte ein Schritt das Führen von verschiedenen Social Media-Portalen von Studenten im Rahmen der Ausbildung sein – entweder eigene Portale oder Portale der Universität (Transkript Post, 47). Konkreter bei den Inhalten, welche in der Ausbildung vermittelt werden sollten, wird Matthias Bonjer von Zucker.Kommunikation. Neben einem allgemeinen technischen Verständnis geht es um das Bauen von Blogs, die Verknüpfung verschiedener Social Media und Networks und dabei die inhaltliche Anpassung an das jeweilige Medium sowie die Anwendung von Search Engine Optimization-Instrumenten (SEO)[10]. Generell sollten in Forschung und Lehre sowohl Innovationsdruck als auch -freude herrschen und Kommunikationstheorien stetig an den heutigen Stand angepasst werden (vgl. Transkript Bonjer, 43)

4.2.2 Weiterbildung

Alle Experten nutzen das Web 2.0 für Ihre persönliche Weiterbildung. Insbesondere Facebook dient als primäre Informationsquelle über das Medium selbst, welches wiederum sehr dynamisch ist. Dabei sind es zum einen die Postings und Chroniken der Facebook-Kontakte, aber auch Inhalte und Links von Markenseiten und Medienauftritten bei Facebook. Neben weiteren einschlägigen Fachportalen und Fachseiten im Internet nutzen die Interviewpartner auch Twitter sowie Blogs, wie z.B. engadget.com, mashable.com und netzwertig.com. Abseits des Internets dienen Vorträge und Fachveranstaltungen zur persönlichen Weiterbildung der Experten, dennoch sind das Internet und insbesondere das Web 2.0 primäre Informationsquellen. Claudia Mutschlechner sieht in der Vielfältigkeit und Geschwindigkeit aber auch eine Herausforderung: „Während wir früher im Prinzip ja nur die Fachzeitschrift gelesen haben, haben wir jetzt unzählige Möglichkeiten zu sagen, ich hol' mir hier die Information und da die Information. Was ich bei den Kollegen sehe, das größte Problem ist mit der Informationsflut zurechtzukommen und zu filtern, was ist für mich wichtig und was nicht" (Transkript Mutschlechner, 63).

---

[10] Suchmaschinenoptimierung

Generell geht es darum, stets auf dem neuesten Stand zu bleiben, die Entwicklung zu verfolgen, das System zu verstehen und zu nutzen. Bei der täglichen Arbeit, der Anwendung und Auseinandersetzung mit neuen Kanälen und Netzwerken wird auf learning by doing gesetzt. Neue Anwendungen werden installiert, Social Networks und Social Media durch Selbstversuche und Eigenbeschäftigung getestet und auf Kampagnenrelevanz zum Zweck der Kommunikationsarbeit geprüft. Agenturintern werden alle Neuerungen vorgeführt, Erkenntnisse ausgetauscht und die Eigenbeschäftigung und Neugierde angeregt. Während bei Zucker.Kommunikation ein eigenes Team für Social Media-Überwachung und -Implementierung zuständig ist, gibt es bei Schröder + Schömbs PR wöchentlich ein Meeting mit Trends und Hinweisen zu Neuentwicklungen. Ähnlich wird das bei Sympra mit internen Seminaren von Mitarbeitern für Mitarbeiter gehandhabt.

Weiterhin werden vereinzelt externe Weiterbildungen für die Mitarbeiter zur Verfügung gestellt. Neben externen Seminaren und Vorträgen vor Ort, geht es insbesondere um Anwendungsfälle von Praktikern mit konkreten Beispielen und deren Problemlösungen. Bei Zucker.Kommunikation gibt es Gesprächs- und Fragerunden mit Redakteuren und Journalisten zum Verstehen ihrer Denkweise sowie feste Ausbildungstermine für Grundlagen wie Text und Präsentation bei Volontariaten. Keinerlei Ausbildungen gibt es lediglich bei der Social Media-Kommunikationsagentur TLGG. Hier wird auf die direkte Zusammenarbeit mit Social Media-Plattformen bei Weiterentwicklungen und dabei entstehenden Möglichkeiten gesetzt (vgl. Transkript Bornschein, 57).

4.2.3 Optimierung/Bringschuld

Die in Kapitel 2.3.2 angesprochene Bringschuld (vgl. Mikl-Horke, 1991, S. 207; Wienand, 2003, S. 67) von Arbeitnehmern, dem Wandel und der Entwertung der eigenen Qualifikation entgegenzuwirken und das Wissen den beruflichen Gegebenheiten in einem stetigen Lern- und Weiterbildungsprozess anzupassen, wird auch von den Interviewpartnern als sehr hoch angesehen und eingefordert. Mitarbeiter in der Kommunikationsbranche werden als fähig zu selbständiger

Weiterbildung und Aufbereitung von Themen angesehen. Während die vier anderen Agenturen die Bringschuld fast ausschließlich bei den Mitarbeitern sehen, gibt es bei Schröder + Schömbs PR eine Zusammenarbeit mit den Mitarbeitern. Kommunikationsmanager selbst beobachten die einzelnen Kanäle und kommunizierenden Marken und die Agentur fordert das Interesse der Auseinandersetzung damit. Im Gegenzug liefert sie aber auch Seminare, Meetings und Praxisvorträge für die Weiterbildung und die persönliche Qualifikation der Mitarbeiter. Holger Post sieht ebenfalls eine sehr hohe Bringschuld, aber auch die gegenseitige Unterstützung innerhalb der Agentur. Insbesondere für Social Media zugänglichere junge Menschen müssen Know-how für Ältere einbringen, um gemeinsam auf dem neuesten Stand zu sein (vgl. Transkript Post, 51).

Die Einschätzung des Optimierungspotenzials der eigenen Mitarbeiter für Social Media Newsrooms und Social Media Releases differiert sehr stark zwischen den einzelnen Experten. Christoph Bornschein von TLGG sieht keinerlei Optimierungspotenzial bei seinen Mitarbeitern: „Das ist wirklich das, was die Agentur am Markt verspricht. Was sie auch tatsächlich [...] ganz objektiv geantwortet hält" (vgl. Transkript Bornschein, 64). Bonjer hält das Optimierungspotenzial seiner Mitarbeiter aus einem einfachen Grund für überschaubar: alle Mitarbeiter sind in Projekte mit Social Media als integralem Bestandteil involviert und haben täglichen Umgang mit SMN und SMR. Ein mögliches Optimierungspotenzial entsteht lediglich durch Zeitmangel bei der kanaladäquaten Aufbereitung von Texten und dem Kundenverständnis dafür (vgl. Transkript Bonjer, 49). Claudia Mutschlechner, Holger Post und Gerald Schömbs sehen wiederum Optimierungspotenzial bei ihren Mitarbeitern und Kollegen. Allerdings sind sie in der Zugänglichkeit verschiedener Altersgruppen zu Social Media unterschiedlicher Auffassung. Während Schömbs eine professionellere Betrachtung des Web 2.0 von Älteren gegenüber Jüngeren sieht, ist es bei Sympra umgekehrt. Dort wird das Optimierungspotenzial bei Älteren als hoch eingeschätzt, wobei aber auch jüngere Kollegen den Social Media-Bereich konsequent ablehnen. Trotz Ablehnung seien diese wiederum bei dem Verkauf von Social Media an Kunden sowie bei der Beratung und Vermittlung der Notwendigkeit sehr offen und neugierig (vgl. Transkript Mutschlechner, 53). Holger Post sieht das durchaus vorhandene Optimierungspotenzial seiner Mitarbeiter nicht als ein Problem, sondern als einen stetigen Lernprozess an (vgl. Transkript Post, 55).

4.3 Anforderungsprofil an Bewerber

4.3.1 Persönlichkeitsmerkmale/Schlüsselkompetenzen

Diese Kategorie erfasst die Persönlichkeitsmerkmale und Schlüsselkompetenzen durch Social Media abseits des Web 2.0. Was müssen Bewerber mitbringen, um abseits der direkten Tätigkeit und des Umgangs mit Social Media für diese Arbeit geeignet zu sein? Neben allgemeinem Talent werden sehr gute Englischkenntnisse sowie ein internationales Denken gefordert. Medienkompetenz, Kreativität, Prozessorientiertheit sowie die Leidenschaft, der Weiterentwicklung des Internets und der Digitalisierung unserer Gesellschaft zu folgen zählen zu den wichtigsten Eigenschaften. Denkbar PR haben den Fokus ihrer Kunden nicht immer auf Social Media festgelegt, so dass ein perfektes Deutsch und ein guter Schreibstil zu den wichtigsten Eigenschaften von Bewerbern zählen.

Gerald Schömbs sieht die Übergangsphase zwischen Stärken und Schwächen im Social Media-Bereich von Bewerbern als beendet. In den letzten drei Jahren konnten Kommunikationsmanager ohne Kompetenzen in diesem Bereich noch Social Media-fremde Kunden betreuen. Diese Kunden gibt es seiner Meinung nach nicht mehr. Deshalb muss heute jeder Bewerber diese Fähigkeiten und das Know-How zum professionellen Umgang mitbringen (Transkript Schömbs, 34).

4.3.2 Social Media

Heutzutage wird der Umgang mit Social Media bei jedem Kunden benötigt: „Das braucht man überall und bei jedem neuen Kunden und man kann es ja auch gut einsetzen und verkaufen. Ohne geht nicht mehr" (Transkript Schömbs, 34). Für Claudia Mutschlechner ist Sinn und Verständnis für Social Media, vor allem durch das Aufwachsen damit, von klarem Vorteil. Bei dem Anforderungsprofil der

Bewerber für den Bereich Social Media wird dabei zuallererst auf die eigene private Nutzung geachtet und diese überprüft. Bewerber müssen selbst in sozialen Netzwerken aktiv sein, Profile angelegt haben und pflegen. Insbesondere Facebook und Xing werden hierbei als Plattformen genannt. Mangelnde Pflege und zu wenige Kontakte können dabei von deutlichem Nachteil sein: „Also wenn der bei Xing ist und hat sechs Kontakte würde ich sagen nutzt der das nicht. Alles ab 50 ist legitim, es müssen keine 500 sein" (Transkript Schömbs, 34). Bei denkbar PR geht das so weit, dass ohne entsprechende Profile und Präsenz in Social Networks auf mangelndes Interesse daran geschlossen wird. Solche Bewerber werden aller Voraussicht nach kein Stellenangebot erhalten, da ohne private Nutzung das Erlernen und der Umgang mit dem Web 2.0 zu langwierig ist (vgl. Transkript Post, 43).

Neben dem eigenen Umgang und der Präsenz auf den Portalen, allgemeiner Medien- und Social Media-Kompetenz und dem Auskennen und Zurechtfinden in der Netzwelt, gibt es auch konkrete Anforderungen für einen professionellen Umgang mit Social Media Newsrooms und Releases im Agenturalltag. Allgemein geht es darum, ein Verständnis für die jeweiligen Kanäle und der damit verbundenen Taktik zu entwickeln, insbesondere für die Verteilung der Kanäle und Distribution von Inhalten. Neben einem Auge für den passenden Inhalt muss grundlegendes Wissen über den Aufbau von Social Media Releases mit Search Engine Optimization und Keywordoptimierung mitgebracht werden für die einfache und direkte Auffindbarkeit im Internet, speziell über Google. Es geht um die Strukturierung eines sozial funktionierenden Textes, welcher weitergeleitet wird. Laut Matthias Bonjer muss man sich dabei stets die Frage stellen: „Warum soll ich diesen Text einem Freund weiterleiten?" (vgl. Transkript Bonjer, 33). Darüber hinaus sind Grundprinzipien der Blogs und Blogmechaniken wichtig. Diese Anforderungen sind, genau wie die Anforderung ein Content Management System (CMS) zu bedienen, mit Inhalt zu füllen und zu pflegen der Plattform geschuldet. Bis zu einer einfacheren Plattform bei Social Media Newsrooms werden daher CMS-Kenntnisse und die korrekte Blog-Bedienung von Bewerbern für den Beruf des Kommunikationsmanagers gefordert.

4.3.3 Content-Produktion/Technik

Diese Kategorie zeigt, dass von Kommunikationsmanagern lediglich ein technisches Grundverständnis verlangt wird. Die Produktion von Inhalten für das Web 2.0 bleibt bei den jeweiligen Experten: Grafiker, Videoproduzenten, Fotografen. Auch das Anlegen eines Social Media Newsrooms und die rein technische Komponente bleibt Sache der Programmierer und muss nicht durch den Kommunikationsmanager beherrscht werden. Nichtsdestotrotz geht es darum, einfache technische Grundlagen und Funktionsweisen zu verstehen. Diese sollten in allen Bereichen der Medienherstellung und -verarbeitung vorhanden sein. Dennoch ist der Umgang mit Social Media und die Bedienung der vielfältigen Kanäle wichtiger als die Herstellung audiovisueller Inhalte.

4.4 Tätigkeit

Wie bereits in Kapitel 2.5 dargestellt, existiert der „typische PR-Arbeitsplatz und das allgemein gültige PR-Aufgabenprofil [...] in der Praxis kaum, denn die Ausgangsbedingungen und Zielvorstellungen, mit denen Öffentlichkeitsarbeit in der Praxis konfrontiert ist, sind zu unterschiedlich und vielfältig" (Röttger, 2005, S. 499). Auch Gerald Schömbs bemerkte vergleichbares zum Tätigkeitsfeld: „Es gibt PR-Agenturen, die sind für mich in einer ganz anderen Branche tätig, das ist gar nicht meine Welt, die kenn' ich gar nicht, weiß gar nicht, was die machen" (Transkript Schömbs, 26).

Christoph Bornschein sieht die Veränderungen des Arbeitsalltages durch das Web 2.0 genau so vielfältig und unterschiedlich wie die Tätigkeitsfelder. Dennoch ist er der festen Überzeugung, dass sich bei Kommunikationsagenturen, die Social Media verstanden haben, alles verändert hat. Diese verlassen dann jedoch meist die klassische Branche und spezialisieren sich direkt in diesem Bereich (vgl. Transkript Bornschein, 66). Laut Matthias Bonjer erhöht sich durch neue Kommunikationstools im Social Web an der Gesamtstundenzahl eines Kommunikationsmanagers nichts. Die Belastung und das Arbeitspensum in Agenturen sind nach wie vor von anderen Dingen getrieben. Die konservativen, planbaren, tradierten und werkbankartigen Vorgehensweisen der Öffentlichkeitsarbeit weichen heute einer stetigen Informationsflut, mit der es umzugehen gilt. Freiräume für kreatives Arbeiten müssen gezielt geschaffen werden. Mit dieser Informationsflut umzugehen, sie zu steuern und zu filtern und dadurch notwendiges Multitasking beherrschen jedoch moderne Kommunikationsmanager, sodass es zu keiner erhöhten Belastung kommt (vgl. Transkript Bonjer, 57).

Gerald Schömbs sieht durch das Web 2.0 einen ganz entscheidenden Wandel im Tätigkeitsfeld. Dieser steht unter dem Titel des gleichnamigen Buches „Putting the Public Back in Public Relations" von Brian Solis und Deirdre Breakenridge. Früher hatte der Kommunikationsmanager keinen direkten Kontakt mit der Öffentlichkeit. Die Kommunikation erfolgte vollständig über die Gatekeeper bei den Medien. Dadurch entstand eine Abhängigkeit, die starken Einfluss auf das Verhältnis zwischen PR-Manager und Journalist hatte, da der Journalist die Position der alleinigen Entscheidungsgewalt über Themen innehatte.

4.4.1 Substituierung/Verdrängung

Claudia Mutschlechner sieht eine geringe Verdrängung anderer Zielmedien durch Social Media. Die Substituierung kann dabei ganz unterschiedlich ausfallen. Generell ist dabei das Arbeitspensum aber nicht höher, sondern lediglich die Verteilung auf die einzelnen Tätigkeiten und Arbeitsfelder ändert sich. Außerdem verschwimmt die Grenze zwischen der privaten und der geschäftlichen Nutzung von sozialen Netzwerken und eine Unterscheidung wird immer schwerer möglich (vgl. Transkript Bornschein, 27).

Durch Social Media entsteht ein komplett neuer Kanal, den Agenturen und Unternehmen als ihr eigenes Medium bespielen können. Es gibt dadurch immer weniger relevante Journalisten als Zielgruppe der Kommunikationsmanager. Die Reduzierung des Kontaktes wird durch die Bespielung eigener Medien aufgefüllt. Trotz sinkender Journalistenanrufe durch mehr Postings gibt es keine Substitution, sondern lediglich eine Änderung in der Häufigkeitsverteilung mit paralleler Bearbeitung durch den Kommunikationsmanager. Durch diese Entwicklung verliert die Verteilerpflege automatisch an Relevanz und Bearbeitungszeit.

Außerdem werden die Pressekonferenz und die Pressemitteilung in ihrer Ur-Form durch das Web 2.0 substituiert (vgl. Transkript Bonjer, 62; Transkript Schömbs, 56 ff.). Dadurch wird auch der Aussand per Post oder Fax ersetzt, ebenso der Druck und postalische Versand von Pressebildern findet nicht mehr statt.

Es vollzieht sich ein Wechsel von der sogenannten „Push- zur Pull-Strategie". Für den Journalisten werden Pfade und Verknüpfungen geschaffen. Dieser holt sich die benötigten Informationen bei Bedarf einfach selbst ab. Dabei wird Material im Newsroom zur Verfügung gestellt. Das Textmaterial – die „neue" Pressemitteilung – ist wesentlich kürzer und stärker geprägt von Keywords, einer Verschlagwortungsstrategie und SEO-Effekten. Zugehöriges Bildmaterial wird beispielsweise auf flickr eingestellt und verknüpft. Präsentationsfolien finden sich bei Slideshare, Videos bei YouTube und Vimeo, Informationsboards bei Pinterest und ein Ansprechpartner bei Xing und Qype.

Durch diese eigenen Medien und Kanäle lassen sich schnell hochwertige Erfolge erzielen. Dennoch lassen sich mit einem Print-Clipping in einem Magazin mehr Menschen erreichen als mit einem Facebook-Posting – beispielsweise stehen 50 000 Leser 500 Likes auf Facebook gegenüber (vgl. Transkript Schömbs, 11). Dennoch hat Social Media von Anfang an einen nicht zu vernachlässigenden Platz im Zuge des Kanalmixes. Das geht rein ressourcentechnisch zu Lasten anderer Kanäle. Dennoch gibt es eine Gefahr der Überbewertung von Reichweite und Effizienz durch den Hype zu Lasten der klassischen PR-Arbeit mit Printmedien, der anfänglich sicherlich viele Agenturen zum Opfer gefallen sind (vgl. Transkript Schömbs, 11).

4.4.2 Social Media-Arbeit

Alle interviewten Experten halten Social Media für einen integralen Arbeitsbestandteil im Kommunikationsmanagement. Der Anteil der Tätigkeit mit Social Media an der Gesamtarbeitszeit inklusive Text und Abstimmung mit dem Kunden wird auf ca. 20 bis 30 Prozent geschätzt. Die Haupttätigkeit ist das Verfassen von Social Media Releases oder fertige Texte dahingehend aufzubereiten. Informationen werden immer mehr auf den Punkt und den Newsgehalt reduziert. Die Aufmerksamkeitsspanne sinkt zugunsten kürzerer und schnellerer Informationen. Gerald Schömbs: „Aber auf jeden Fall wird man gezwungenermaßen Informationen künftig immer mehr auf den Punkt, auf den Newsgehalt und auf die Fakten beschränkt kommunizieren müssen und insofern ist der Social Media Newsroom nur ein Vorreiter dafür, wie Informationen künftig an den Mann gebracht werden" (Transkript Schömbs, 62).

Die Agentur stellt Kunden durch Social Media eine eigene Kommunikationsmacht und einen Kanal zur Verfügung. Durch die inhaltliche Anpassung von Pressemitteilungen auf Social Media durch HTML, Hyperlinks, Geo-Tags, Keywords und SEO werden Pfade und Verknüpfungen für Journalisten zum Erlangen der benötigten Informationen geschaffen. Diese Denkweise bei der Produktion von Inhalten, dem Bereitstellen von Inhalten und Vernetzen mit Portalen sollte demnach stets bei Kommunikationsmanagern präsent sein. Der Newsroom ist dabei die Aggregation von allen Inhalten und Social Media-Kanälen. In Zukunft werden die bereits angesprochenen SEO-Effekte vermutlich immer mehr an Bedeutung zunehmen. Durch die inhaltliche Ausweisung von Social Media und Networks bei Google kann aber auch eine Aggregation eines Newsrooms auf lediglich einem Social Network möglich sein (vgl. Transkript Bonjer, 64; Transkript Schömbs, 62).

Der Kommunikationsmanager hat sein eigenes individuelles Netzwerk. Die Agentur ist eine Sammlung an Netzwerkern und Netzwerken. Dadurch gibt es natürlich einen Anstieg der Belastung, weil immer ausdifferenziertere Nischen bedient werden müssen, Kontakte, Netzwerke und Portale gepflegt und bearbeitet werden müssen. Zusätzlich steigt durch vielseitigere Möglichkeiten und die Vernetzung aber auch der Wirkungsgrad. Früher traten die Agentur und der Kommunikationsmanager bei der Betreuung und Vertretung einer Marke in den Hintergrund. Durch das Web 2.0 wird der Kommunikationsmanager selbst zum Kommunikator. Er wird Vertreter der Marke und Vertreter seiner eigenen Meinung. Der Kommunikationsmanager ist demnach mittendrin und beteiligt sich am Kommunikationsprozess in Social Networks als eigenständige Person und

Kommunikator und kommuniziert nicht ausschließlich als Marke, Unternehmen oder Vertreter davon.

Die Tätigkeiten der Kommunikationsmanager finden noch mehr als früher vor dem Computer statt. Dabei läuft das Web 2.0 permanent im Hintergrund, private und berufliche Nutzung lassen sich nicht mehr trennen. Insgesamt entsteht eine Notwendigkeit online zu sein und eine Abhängigkeit vom Internet: „[…] wir sind gerade umgezogen vor einem Monat und wir hatten 14 Tage kein Internet. Da konnte ich die Agentur zu machen […]. Also ohne Internet können wir nicht mehr arbeiten und das war vor 15-20 Jahren nicht der Fall" (Transkript Post, 66).

Obwohl die Zufriedenheit der Interviewpartner mit den Newsrooms der Agenturen sehr hoch ist, fällt der Nutzen unterschiedlich aus. Während manche Agenturen ihren Kunden bei Bezahlung einen neuen Kommunikationskanal zur Verfügung stellen, ist der Social Media Newsroom bei denkbar PR ein Mehraufwand, ohne jedoch Geld damit zu verdienen. In jedem Fall werden die Newsrooms von Kunden, Journalisten, Bewerbern und allen Interessierten gerne genutzt und erzielen generell positives Feedback bei den Agenturen.

4.5 Social Media-Entwicklung

Bei der gesamten Social Media-Entwicklung sieht Gerald Schömbs einen Metatrend: mehr Transparenz, Offenheit und Ehrlichkeit in der Kommunikation mit dem Ergebnis einer steigenden Glaubwürdigkeit. Dieser Zwang und die Pflicht dazu entsteht aus der Dynamik des Web 2.0, mit der Hintergründe und Zusammenhänge innerhalb kürzester Zeit aufgedeckt und selten unerkannt bleiben (vgl. Transkript Schömbs, 52).

Christoph Bornschein ist der Ansicht, dass es nicht *den* Social Media Communications Manager gibt. Durch die hochspezifische Ausdifferenzierung der Kanäle gibt es auch eine Ausdifferenzierung in den Tätigkeiten. Bei steigender Quantität in der Entwicklung gibt es notwendigerweise auch eine Trennung in den Tätigkeiten, da nicht mehr alle Disziplinen adäquat und professionell durch eine Person zu betreuen sind, sondern lediglich Teile davon. Auch bei den Agenturen selbst gibt es hinsichtlich der Ausdifferenzierung und Spezialisierung große Unterschiede. Dennoch muss das Web 2.0 als immer wichtigerer Kanal meistens mit betreut werden. Nur die Frage des Fokus variiert und ist auf die Kundenstruktur zurückzuführen.

Auf die Kundenstruktur führt Claudia Mutschlechner auch die weitere Entwicklung von Social Media Newsrooms und Releases zurück. Sie sieht die Tendenz für einen Social Media Newsroom bei größeren Unternehmen steigend. Bei Sympra kommt der Kundenstamm überwiegend aus dem Mittelstand. Dort herrscht noch eine sehr geringe Nachfrage. Es wurde auch erst ein Newsroom verkauft. Wenn sich der Mittelstand für die sozialen Medien öffnet, sieht sie aber auch dort sehr gute Entwicklungschancen für Social Media Newsrooms und Social Media Releases und erwartet generell einen positiven Fortschritt. Bis auf Christoph Bornschein sehen alle Experten eine Zukunft in Social Media Newsrooms bzw. in der Aggregation von Social Media auf einer Plattform (vgl. Transkript Bonjer, 64; Transkript Schömbs, 62). Bornschein sieht in dieser zwanghaften Aggregation von Kanälen und der Positionierung der Agenturen im Social Media-Umfeld eine falsche Annahme. Generell sollte sich seiner Meinung nach der Social Media Newsroom „insgesamt in einer digitalen Kanalkommunikation auflösen", da es nicht um ein einzeldisziplinäres Produkt, sondern um eine „gesamthafte Lösung geht" (Transkript Bornschein, 74).

4.5.1 Beruflich/Agentur

Bei der Entwicklung von Newsrooms und Releases liegt bei den befragten Experten eindeutig kein „Henne-Ei-Problem" vor: bei allen war der Newsroom vor der Release da. In den Agenturen hat sich der Bereich Social Media entwickelt, als es für Unternehmen zunehmend relevant wurde, dort präsent zu sein und für Unternehmen ein Kommunikationsergebnis darstellbar war.

Zucker.Kommunikation startete 2001 mit DoYou, einem Ableger von E-Opinion, als Kunde in die Welt des Web 2.0. Für Geschäftsführer Bonjer kam die eigentliche Integration von Social Media in die Kommunikation erst durch die VZ-Gruppe und Facebook. Heutzutage werden alle gängigen Portale bedient: Twitter, Xing,

Facebook, Google+, Pinterest. Für den SEO-Effekt sind diese Social Media-Kanäle von hoher Relevanz. Eine Bedeutsamkeit von Social Media sieht Bonjer auch bei den tradierten Medien: der „modernere Journalist recherchiert nicht nur im Internet, also über Google, sondern geht zumindest in der Gegenprüfung mal in die Social Media Kanäle" (Transkript Bonjer, 10). Der eigene Newsroom und die Aggregation der Kanäle kam durch einen Mitarbeiter, der neben der Idee gleich ein schnelles, effizientes und günstiges System lieferte.

Ganz anders entstand bei Sympra der Social Media Newsroom: ein Dienstleister bot das Produkt an und setzte den Newsroom dann für die Agentur als einen der ersten Kunden um. Seit 2009 werden Social Media-Strategien an Kunden verkauft, seit 2011 mit deutlich steigender Tendenz. Obwohl die Bedeutung des Web 2.0 steigt, sollte laut Claudia Mutschlechner die Pressearbeit weiterlaufen und die restliche Kommunikation nicht vernachlässigt werden (vgl. Transkript Mutschlechner, 11). Sympra bedient ebenfalls alle gängigen Kanäle, wie Facebook, Twitter, YouTube, Flickr, Slideshare, XING, LinkedIn und Google+.

Die Social Media-Agentur TLGG gibt als Zielmedium den „Digitalen Layer" an (vgl. Transkript Bornschein, 10). Als 2008 gegründete Agentur gab es die sozialen Netzwerke und den Social Media Newsroom von Anfang an. Die bedienten Kanäle sind ebenfalls sehr zahlreich: Facebook, Twitter, Instagram und Foursquare sind nur eine Auswahl.

Bei denkbar PR startete Social Media mit Xing. Auch wenn zuvor StudiVZ als Netzwerk wahrgenommen wurde, hatte erst Xing Relevanz für die Agentur. Heutzutage werden zahlreiche Kanäle bedient, insbesondere Xing, Twitter und Facebook. Portale und Netzwerke wurden immer erst im Selbstversuch erprobt und dann den Kunden angeboten. Die ersten finden sich seit 2008/2009 im Produktportfolio wieder. Die Bündelung von Meldungen wurde sowohl als Notwendigkeit, aber auch als Trend empfunden und daher Anfang 2010 gezielt umgesetzt.

Gerald Schömbs und Schröder + Schömbs PR standen und stehen Neuerungen und technischen Trends stets sehr offen gegenüber: Homepage 1995, Xing 2004, Flickr 2006, Blog 2007, Social Media Newsroom 2009. Social Media hat sich nicht nur für die Agentur als absolut zentrales Instrument entwickelt. Bei Kunden war oftmals viel Überzeugungsarbeit und die Entwicklung eines Verständnisses für Social Media nötig. Dabei gab es viele anfängliche Schwierigkeiten. Eine gute Lösung für Gerald Schömbs war es, mit der Agentur selbst Vorreiter und Beispiel zu sein. Der Social Media Newsroom war unter anderem ebenfalls dafür gedacht. Schömbs schätzt am Newsroom das ausgezeichnete SEO-Ergebnis durch Vernetzung und Präsenz auf den Portalen ohne konkret am eigentlichen SEO-Ergebnis zu arbeiten. Für ihn macht Social Media effizient und spart Zeit (vgl. Transkript Schömbs, 9). Schröder + Schömbs PR ist unter anderem auf Facebook, Twitter, Google+, Pinterest, Xing, Flickr, YouTube und Vimeo zu finden.

Der erste private Kontakt der Experten mit Social Media fand zwischen 2004 und 2007 statt über Xing, Twitter und Facebook. Lediglich „DoYou" im Jahr 2001 war als Web 2.0-Vorreiter und Mitbegründer ein sehr früher Erstkontakt von Matthias Bonjer.

5 Fazit und Ausblick

Nach der ausführlichen Darstellung der Ergebnisse im vorangegangenen Kapitel, sollen diese nun zusammengebracht werden. Ziel ist es, ein aktuelles Anforderungsprofil an den Beruf des Kommunikationsmanagers zu erstellen. Die zusammenhängende Betrachtung und Auswertung der Interviews entlang der Dimensionen Berufsbild, Qualifikation und Tätigkeit soll ein holistisches Anforderungsprofil an den Beruf schaffen.

5.1 Auswertung der Ergebnisse

Berufsbild

Die DPRG (2005) hält eine gute Allgemeinbildung, ausgeprägte Persönlichkeitsmerkmale wie analytische Fähigkeiten, psychologisches Gespür, Kommunikativität, Kreativität und soziale Kompetenz für wesentliche Voraussetzungen des PR-Berufs. Laut den befragten Experten sollte ein Kommunikationsmanager ebenfalls sozial sehr kompetent sein und ein freundliches, aufgeschlossenes, kontaktfreudiges und eloquentes Auftreten aufweisen. Weitere Eigenschaften sind Kommunikativität, persönliche Vernetztheit, Neugierde, Überzeugungskraft und Kreativität sowie hohes Allgemein- und aktuelles Fachwissen. Dabei ist auffällig, dass die meisten Nennungen bei den sozial- und verhaltensbezogenen Fähigkeiten zu finden sind und berufs- und handlungsbezogene sowie gestalterische Fähigkeiten dabei in den Hintergrund treten. Diese Dreiteilung der Schlüsselqualifikationen geht auf die in Kapitel 2.3.1 erläuterte Unterteilung von Bettina von Schlippe (1998) zurück. Auch bei dem Vergleich mit den Studien von Wienand und Merten finden sich lediglich Allgemeinbildung, Kreativität sowie rhetorisches Potenzial und Kontaktvermögen als Übereinstimmung (vgl. Abb. 4-6). Die genannten Merkmale sind dabei problemlos auch auf zahlreiche andere Berufe anwendbar und als sogenannte Allgemeinplätze zu bezeichnen. Insbesondere bei sich noch konstituierenden oder von Wandel geprägten Berufen können diese vermehrt auftauchen (vgl. Wienand, 2003). Lediglich die Aussagen von Claudia

Mutschlechner lassen sich konkret auf PR-Tätigkeiten im operativen Geschehen anwenden, sind aber dennoch sehr allgemein gehalten.

Bei den qualitativen Interviews sprechen sich vier von fünf Experten für ein Hochschulstudium aus. Das stützt die Akademisierungsquote Mertens (1997) von über 80 Prozent und auch Romy Fröhlichs Befund des Studiums als Zugangsvoraussetzung für den PR-Beruf (Fröhlich, 2005).

„Öffentlichkeitsarbeit ist keineswegs ein Begabungsberuf. Vieles kann und muss erlernt werden" (DPRG, 2005). Das deckt sich mit den Ergebnissen der Befragung. Alle Interviewpartner halten die PR für ein erlernbares Handwerk und sprechen sich gegen den Begabungsberuf aus.

Bei den Persönlichkeitsmerkmalen und Schlüsselkompetenzen sowie dem Berufszugang sind keinerlei Einflüsse durch neue Medien, Kanäle und Web 2.0 zu spüren. Alle genannten Eigenschaften lassen sich sowohl auf eine klassische traditionelle PR-Arbeit, als auch auf die strategische Kommunikation im Social Web anwenden. Lediglich die angesprochene persönliche Vernetztheit sowie technisches Wissen und Verständnis könnten einen Trend in der Entwicklung und Veränderung des Berufsbildes anzeigen. Insgesamt sind jedoch keine expliziten Veränderungen und kein Einfluss von Social Media Newsrooms und Releases auf Merkmale und Kompetenzen zu verzeichnen. Dasselbe ist bei dem Berufszugang zu erkennen. Es ist keine ausdrückliche Begabung für die Social Media-Arbeit vonnöten. Die Notwendigkeit eines Hochschulstudiums bezieht sich ebenfalls auf allgemeine Arbeitsweisen und Problemlösungskompetenzen sowie eine persönliche Reife und Eigenständigkeit.

Qualifikation

Im Gegensatz dazu ist bei der Ausbildung ein deutlicher Einfluss von Social Media und eine dadurch entstehende Diskrepanz zu erkennen. Die Bewertung der Ausbildung für Social Media in Deutschland fällt durchweg negativ aus. Den befragten Experten fehlt die Fokussiertheit auf Social Media und die Integration der stetigen Entwicklung. Momentan vermittelte Inhalte stellen lediglich Grundlagen dar und sind weit entfernt vom State of the Art, dem aktuellen Stand. Der Wunsch einer vollwertigen Integration wird als sehr schleppender Prozess erwartet.

Die konkrete Formulierung von Ausbildungsinhalten zeigt die hohe Erwartungshaltung der Interviewpartner dem gegenüber. Eine „Ausbildungs-Tätigkeits-Schere" und starke Diskrepanz zwischen Ausbildungsinhalten und dem Arbeitsalltag ist deutlich zu erkennen. Generell sollte die unterschiedliche Funktionsweise der Pressearbeit, Verständnis und Erfahrung mit Social Media und allen Kanälen und Basics vermittelt werden. Für die Arbeit mit Social Media Newsrooms wird Wissen über das Bauen und die Funktionsweise von Blogs benötigt. Das ist der technischen Plattform geschuldet. Die Verknüpfung verschiedener Social Media und Networks und dabei die inhaltliche Anpassung an das jeweilige Medium sowie die Anwendung von Search Engine Optimization-Instrumenten sollten genau wie die Informationsdistribution weitere wichtige Ausbildungsinhalte für den Umgang mit Social Media Releases sein.

Kommunikationsmanager müssen stets auf dem neuesten Stand bleiben, die Entwicklung verfolgen, das System verstehen und für sich und die Kommunikationsarbeit zu nutzen wissen. Insbesondere Social Media werden zur Metakommunikation über die Portale selbst genutzt – dabei steht Facebook an erster Stelle. Learning by doing und die Eigenbeschäftigung mit Neuem wird meist durch interne Weiterbildungen angeregt. Mitarbeiter in der Kommunikationsbranche werden dabei als fähig zu selbständiger Weiterbildung angesehen. Stets an seiner eigenen Qualifikation zu arbeiten und sein Wissen den beruflichen Gegebenheiten in einem stetigen Lern- und Weiterbildungsprozess anzupassen wird von allen Interviewpartnern als sehr wichtig eingeschätzt und von den Mitarbeitern gefordert. Es sind demnach keine konkreten Fort- und Weiterbildungen nötig, sondern ein andauernder Prozess fachlich auf dem neusten Stand zu sein, Trends zu erkennen und anzuwenden.

Anforderungsprofil an Bewerber

Social Media haben einen starken Einfluss auf das Anforderungsprofil von Bewerbern, dem es sich anzupassen gilt. Neben einer persönlichen Nutzung werden ein professioneller Umgang und die Kenntnisse verschiedener Instrumente gefordert. Ganz allgemein werden von Bewerbern sehr gute Englischkenntnisse sowie ein internationales Denken verlangt. Perfektes Deutsch und ein guter Schreibstil sollten durch Medienkompetenz, Kreativität, Prozessorientiertheit sowie eine Affinität für das Internet und die Digitalisierung untermauert werden.

Im Vorlauf eines Vorstellungsgespräches wird zunächst die private Präsenz und Nutzung von Social Media der Bewerber überprüft. Bei nicht vorhandener Aktivität im Web 2.0 ist eine Einstellung eher unwahrscheinlich. Für einen professionellen Umgang mit Social Media Newsrooms und Releases sind Grundprinzipien der Blogs, Blogmechaniken und die Bedienung eines Content Management Systems (CMS) wichtig. Neben einem Verständnis für Kanalverteilung und Informationsdistribution muss grundlegendes Wissen über den Aufbau von Social Media Releases mit Search Engine Optimization und Keywordoptimierung mitgebracht werden und gleichzeitig die Fähigkeit, einen interessanten und sozial funktionierenden Text zu verfassen. Darüber hinaus sollten einfache technische Grundlagen und Funktionsweisen in allen Bereichen der Medienherstellung und -verarbeitung vorhanden sein. Dabei geht es aber lediglich um das Verstehen und nicht um die eigene Herstellung von Videos, Grafiken und Fanpages.

Tätigkeit

Der generelle und entscheidende Wandel im Tätigkeitsfeld steht unter dem Titel des gleichnamigen Buches „Putting the Public Back in Public Relations". Früher hatte der Kommunikationsmanager keinen direkten Kontakt mit der Öffentlichkeit. Die Kommunikation erfolgte vollständig über die Gatekeeper bei den Medien. Durch das Web 2.0 wird der Kommunikationsmanager selbst zum

Kommunikator. Dadurch gibt es aber auch einen Anstieg der Belastung, weil immer ausdifferenziertere Nischen bedient werden müssen, Kontakte, Netzwerke und Portale gepflegt und bearbeitet werden müssen.

Social Media ist ein integraler Arbeitsbestandteil. Der Anteil der Tätigkeit mit Social Media an der Gesamtarbeitszeit wird auf ca. 20 bis 30 Prozent geschätzt. Das zeigt die Wichtigkeit dieses Kanals. Dabei läuft das Web 2.0 permanent im Hintergrund, private und berufliche Nutzung lassen sich nicht mehr trennen. Insgesamt entsteht eine Notwendigkeit online zu sein und eine Abhängigkeit vom Internet. Die Ergebnisse decken sich mit der Social Media Governance (Fink et al., 2011): ohne Internet ist die Arbeit nicht möglich.

Die inhaltliche Anpassung von Pressemitteilungen auf Social Media durch HTML, Hyperlinks, Geo-Tags, Keywords und SEO wird in der täglichen Arbeit immer benötigt. Diese Denkweise bei der Produktion von Inhalten, dem Bereitstellen von Inhalten und Vernetzen mit Portalen sollte sich stets darauf niederschlagen. In der Berufsfeldforschung wird zwischen *erlerntem* und *ausgeübtem* Beruf unterschieden. Die im Abschnitt Qualifikation angesprochene Diskrepanz zwischen ebenjener und der Tätigkeit muss hier erneut aufgegriffen werden. Social Media hat einen starken Einfluss auf die Arbeit von Kommunikationsmanagern, der geringe Fokus in der Ausbildung darauf deckt sich nicht mit der Erwartungshaltung von Personalentscheidern daran.

Obwohl der Bereich Social Media laut den Experten 20 bis 30 Prozent der Arbeitszeit in Anspruch nimmt, kollidiert er nicht mit den in Kapitel 2.5 vorgestellten Systematisierungsversuchen der Tätigkeiten. Zunächst lässt sich die Arbeit durch die offenen Formulierungen in die fünf zentralen Grundfunktionen der DPRG (2005) einordnen: Konzeption, Redaktion, Kommunikation, Organisation, Abwicklung und Controlling. Zudem lässt sich die Arbeit auch in die sehr allgemein gehaltenen Tätigkeitsbereiche der RACE- und AKTION-Formel (vgl. Kapitel 2.5) ohne Probleme einordnen. Sowohl die Art der Text- und Informationsaufbereitung, als auch die Wahl der Kanäle unterscheiden sich. Social Media lässt sich bei der AKTION-Formel in die Bereiche *Text und kreative Gestaltung* (Informationserarbeitung und -gestaltung, Aufbereitung in Informationsträgern) sowie Operative Umsetzung einordnen. Bei der RACE-Formel fällt sie in den sehr allgemein gehaltenen Bereich von *Communication*. Die analytischen, strategischen, beratenden und evaluativen Bereiche werden ebenfalls tangiert.

5.2 Profil eines modernen Kommunikationsmanagers

Dieses Profil ist das Ergebnis der Experteninterviews und der qualitativen Inhaltsanalyse. Als erklärtes Ziel dieser Studie stellt es die zusammenhängenden Anforderungen an einen Kommunikationsmanager für die Arbeit mit Social Media Newsrooms und Social Media Releases dar. Da diese Arbeitsbereiche laut den Experten bereits ungefähr ein Viertel der Arbeitszeit in Anspruch nehmen und sich weiter entwickeln werden, wird dieses spezielle Anforderungsprofil voraussichtlich einen vermehrt allgemeinen Charakter zugesprochen bekommen.

Anforderungen an einen Kommunikationsmanager für die Arbeit mit Social Media Newsrooms und Social Media Releases:
...sozial kompetent ...freundliches, aufgeschlossenes, kontaktfreudiges und eloquentes Auftreten ...Kommunikativität, persönliche Vernetztheit, Überzeugungskraft ...Neugierde, Kreativität, Trendgespür ...hohes Allgemein- und aktuelles Fachwissen
...Hochschulstudium ...stetiger eigenständiger Lern- und Weiterbildungsprozess ...sehr gute Englischkenntnisse, internationales Denken ...perfektes Deutsch ...sehr guter und sozial funktionierender Schreibstil
...private Präsenz, Nutzung und Erfahrung mit Social Media ...Medienkompetenz ...Grundprinzipien der Blogs, Blogmechaniken und Bedienung eines Content Management Systems (CMS) ...Wissen zum Aufbau von Social Media Releases ...Kenntnisse Search Engine Optimization (SEO) und Keywordoptimierung ...Kanalverteilung und Informationsdistribution ...inhaltliche Anpassung an jeweiliges Medium ...Verknüpfung verschiedener Social Media und Social Networks
...Kenntnisse technischer Grundlagen und Funktionsweisen in allen Bereichen der Medienherstellung und -verarbeitung

5.3 Diskussion und Ausblick

Wie bereits angesprochen sind die meisten Systematisierungsversuche sehr allgemein gehalten. Ein neues und dominantes Tätigkeitsfeld lässt sich so in die fünf Grundfunktionen der PR-Arbeit der DPRG sowie die RACE- und AKTION-Formel einordnen. Die Schere zwischen Ausbildung und Tätigkeit zeigt jedoch eine deutliche Diskrepanz und Veränderung im Beruf des Kommunikationsmanagers. Auch wenn sich das herausgearbeitete Anforderungsprofil dieser Studie wiederum in das offen und allgemein gehaltene Berufsbild der DPRG (2005; vgl. Abb. 3) einordnen lässt, gibt es dennoch Argumente für eine Erweiterung.

Zunächst lassen sich die Anforderungen an Wissen zu Kanälen, Informationsdistribution, SEO, Keywordoptimierung und Social Media in die bereits vorhandenen Bereiche *Wissen Kommunikation* und *Wissen anderer Disziplinen* einordnen. Ebenso die Fertigkeiten für Blogs, Blogmechaniken und Content Management Systeme sowie weitere technische Grundlagen und Funktionsweisen in allen Bereichen der Medienherstellung und -verarbeitung lassen sich wiederum in die *Kommunikationsproduktion* einordnen (vgl. Abb. 3). Der hohe Anteil von Social Media an der Gesamtarbeitszeit und die Ausdifferenzierungen im Anforderungsprofil ermöglichen und verlangen dennoch eine separate Einordnung in ein aktuelles Berufsbild. Die Ergebnisse der qualitativen Inhaltanalyse fließen durch zwei neue Kategorien (*Wissen Social Media* sowie *technische Grundlagen und Funktionsweisen*) in das bestehende Berufsbild der DPRG ein (Original vgl. Abb. 3).

```
                Wissen Öffentlichkeitsarbeit      Kommunikationsplanung

    Wissen Kommunikation       FACHKOMPETENZ        Kommunikationsproduktion
                              ÖFFENTLICHKEITSARBEIT
    Wissen anderer Disziplinen                     kommunikatives Auftreten/Verhalten

                    Wissen Social Media      technische Grundlagen und Funktionsweisen

              Wissen  ──────▷  Fähigkeiten  ◁──────  Fertigkeiten
```

Abbildung 1: Ergänzung des Berufsbildes der DPRG (2005)

Wissen Social Media umfasst dabei alle theoretischen Kenntnisse, Funktionsweisen und privaten Erfahrungen und Kompetenzen im Social Media-Bereich. Das beinhaltet den Aufbau, die Kanalverteilung und Informationsdistribution. *Technische Grundlagen und Funktionsweisen* beziehen sich sowohl auf die Fertigkeiten im Umgang mit Blogs und CMS als Plattformen für Social Media Newsrooms, als auch allgemeine technische Kenntnisse über das Internet und alle Bereiche der Medienherstellung und -verarbeitung.

Wie weitere Studien zeigen (vgl. ECM, 2012; Social Media Governance, 2011), ist der Bereich Social Media noch in der Entwicklung bzw. immer weiteren Ausdifferenzierung unterzogen. Ein Stillstand und der weitere Einzug in Kommunikationsmaßnahmen sind nicht abzusehen. Ein Beispiel ist die 2010 gegründete Social Media Plattform Pinterest, welche nach und nach durch Kampagnen für die strategische Kommunikation genutzt wird und wiederum Macht, Einfluss und Zielgruppenrelevanz von Social Media aufzeigt. Bis auf einen Experten sehen alle auch eine Zukunft bei Social Media Newsrooms bzw. der Aggregation von Social Media auf einer Plattform.

Problematisch ist dabei aber die Ausbildungssituation. Durch die rasante Entwicklung von Internet und insbesondere Social Media müssen die Inhalte ständig angepasst werden. Es geht darum, die Diskrepanz zwischen Ausbildung und Tätigkeit zu verkleinern. Die Theorie muss möglichst eng mit der Praxis verknüpft werden. Bei der anhaltenden Ausdifferenzierung von Social Media und Kommunikationsberufen stellt dies eine große Herausforderung dar. Generell kann der Praxisbezug durch Case-Studies mit konkreten Anwendungsfällen, Vorträge von Praktikern, Praxiswerkstätten und der Anwendung von Social Media als Ausbildungsinhalt Einzug erhalten. Gleichzeitig müssen angehende Kommunikationsmanager in der Ausbildung sich selbst in einen stetigen und eigenständigen Lern- und Weiterbildungsprozess begeben, um immer auf dem neuesten Stand zu bleiben.

Das Ergebnis der qualitativen Auswertung der Experteninterviews zeigt einen deutlichen Wandel im Beruf des Kommunikationsmanagers. Insbesondere die Anforderungen und die Tätigkeit sind der Entwicklung von Social Media unterworfen. Durch ein aktuelles Berufsbild muss dieser Wandel und die Entwicklung Einzug erhalten. Diese gemeinsame Grundlage von Unternehmen, Ausbildungsstätten und Berufsinteressierten kann falsche Voraussetzungen und Erwartungen an Beruf und Berufsinhaber verringern. Durch eine möglichst enge Zusammenarbeit von Theorie und Praxis müssen gemeinsame Inhalte erarbeitet werden, um sie dem Kommunikationsmanager 2.0 zu vermitteln.

Literaturverzeichnis

Amersdorffer, D., Bauhuber, F., Egger, R., Oellrich, J. (2010). *Social Web im Tourismus.* Berlin, Heidelberg: Springer.

Amtsblatt der europäischen Union (2003). *EMPFEHLUNG DER KOMMISSION vom 6. Mai 2003 betreffend die Definition der Kleinstunternehmen sowie der kleinen und mittleren Unternehmen.* Abgerufen am 10.09.2012 von http://eur-lex.europa.eu/ LexUriServ/LexUriServ.do?uri=OJ:L:2003:124:0036:0041:DE:PDF

Bentele, G. (1998). *Berufsfeld Public Relations. PR-Fernstudium des PR-Kollegs Berlin.* Studienband 1. PR-Kolleg Berlin Kommunikation & Management GmbH: Berlin.

Bentele, G. (2009). *Einführung in die Theorie und Praxis der Öffentlichkeitsarbeit.* Vorlesungsfolien Universität Leipzig, Lehrstuhl Öffentlichkeitsarbeit, WS 2009/2010. Abgerufen am 18.06.2012 von http://www.communicationmanagement.de/fileadmin/cmgt/PDF_Vorlesungsskripte/Wi Se_09-10/Bentele_VL_BA_PRinD-01.pdf

Bentele, G. & Seidenglanz, R. (2004). *Das Image der Image-Macher. Eine repräsentative Studie zum Image der PR-Branche in der Bevölkerung und eine Journalistenbefragung.* Leipzig: Universität Leipzig.

Bernet, M. (2010). *Social Media in der Medienarbeit: Online-PR im Zeitalter von Google, Facebook & Co.* Wiesbaden: VS Verlag für Sozialwissenschaften.

Bonow, T. (2009). *Zielgruppenansprache im Zeitalter von Social Media – Social Media Release.* Abgerufen am 15.03.2012 von http://www.foerderland.de/fachbeitraege/beitrag/Social-Media-Release/68d85befa3/

Bortz, J. & Döring, N. (2003): *Forschungsmethoden und Evaluation für Human- und Sozialwissenschaftler* (3. Aufl.). Berlin, Heidelberg, New York: Springer.

Bortz, J. & Döring, N. (2006): *Forschungsmethoden und Evaluation für Human- und Sozialwissenschaftler* (4. Aufl.). Berlin, Heidelberg, New York: Springer.

Brexel, E. (1997). Berufliche Perspektiven in der Presse- und Öffentlichkeitsarbeit. In G. Schulze-Fürstenow & B.-J. Martini (Hrsg.), *Handbuch PR: Öffentlichkeitsarbeit & Kommunikationsmanagement in Wirtschaft, Verbänden, Behörden* (S. 1-34). Neuwied, Kriftel, Berlin: Luchterhand.

Brosius, H. B., Koschel, F. (2003). *Methoden der Empirischen Kommunikationsforschung.* Wiesbaden: VS Verlag.

Defren, T. (2007). *The Social Media Newsroom Template Debuts.* Abgerufen am 13.03.2012 von http://www.shiftcomm.com/downloads/smnewsroom_template.pdf

Defren, T. (2008). *Social Media Release Template*, version 1.5. Abgerufen am 13.03.2012 von http://www.shiftcomm.com/downloads/smr_v1.5.pdf

Dozier, D. M., Grunig, L. A., Grunig, J. E. (1995). *Manager's Guide to Excellence in Public Relations and Communication Management*. Mahwah, New Jersey: LEA.

Deutsche Public Relations Gesellschaft e.V. (2005). *Öffentlichkeitsarbeit / PR-Arbeit. Berufsfeld, Qualifikationsprofil, Zugangswege* (4. Aufl.). Bonn: DGfK – DPRG Gesellschaft für Kommunikationsservice mbH.

Fink, S., Zerfaß, A. & Linke, A. (2011). *Social Media Governance 2011 – Kompetenzen, Strukturen und Strategien von Unternehmen, Behörden und Non-Profit-Organisationen für die Online-Kommunikation im Social Web. Ergebnisse einer empirischen Studie bei Kommunikationsverantwortlichen*. Leipzig, Wiesbaden: Universität Leipzig/Fink & Fuchs Public Relations AG.

Flick, U. (2004). *Qualitative Sozialforschung – Eine Einführung* (2. Auf.). Hamburg: rowohlts enzyklopädie.

Flick, U., Kardorff, E. von & Steinke, I. (2010). *Qualitative Forschung. Ein Handbuch* (8. Auf.). Reinbek bei Hamburg: rowohlts enzyklopädie.

Forenski, T. (2006): *Die! Press release! Die! Die! Die!*. Silicon Valley Watcher, 27.02.2006. Abgerufen am 13.03.2012 von http://www.siliconvalleywatcher.com/mt/archives/2006/02/die_press_relea.php

Fröhlich, R. (2005). Berufsrollen und Berufsfelder. In G. Bentele, R. Fröhlich, P. Szyszka (Hrsg.), *Handbuch der Public Relations. Wissenschaftliche Grundlagen und berufliches Handeln* (S. 429-440). Wiesbaden: VS Verlag für Sozialwissenschaften.

Fuchs-Heinritz, W. (1994). *Lexikon zur Soziologie*. Opladen: Westdeutscher Verlag.

Gabler Wirtschaftslexikon (2012). *Wissen*. Abgerufen am 13.06.2012 von http://wirtschaftslexikon.gabler.de/Archiv/75634/wissen-v3.html

Giddens, A. (1984). *The Constitution of Society. Outline of the Theory of Structuration*. Berkeley, California: University of California Press.

Gläser, J., & Laudel, G. (2009). *Experteninterviews und qualitative Inhaltsanalyse* (3. Aufl.). Wiesbaden: VS Verlag für Sozialwissenschaften.

Gläser, J., & Laudel, G. (2010). *Experteninterviews und qualitative Inhaltsanalyse* (4. Aufl.). Wiesbaden: VS Verlag für Sozialwissenschaften.

Grunig, J. E. (1994). World View, Ethics, and the Two-Way-Symmetrical Model of Public Relations. In W. Armbrecht & U. Zabel (Hrsg.), *Normative Aspekte der Public Relations. Grundlegende Fragen und Perspektiven. Eine Einführung* (S. 69-89). Opladen: VS.

Grunig, J. E. & Grunig, L. A. (1992). Models of public relations and communication. In J. E. Grunig (Hrsg.), *Excellence in public relations and communication management* (S. 285-326). Hillsdale: Lawrence Erlbaum.

Grunig, J. E. & Hunt, T. (1984). *Managing Public Relations*. New York u.a.: Holt, Rinehart and Winston.

Grunig, J.E., Grunig, L. A. & Dozier, D. M. (1996). Das situative Modell exzellenter Public Relations: Schlussfolgerungen aus einer internationalen Studie. In G. Bentele, H. Steinmann & A. Zerfaß (Hrsg.), *Dialogorientierte Unternehmenskommunikation* (S. 199-228.) Berlin: VISTAS Verlag.

Grunig, L. A., Grunig, J. E. & Dozier, D. M. (2002). *Excellent Public Relations and effective organizations. A Study of Communication Management in Three Countries.* London: Lawrence Erlbaum Associates Publishers.

Jodeleit, B. (2010). *Social Media Relations: Leitfaden für erfolgreiche PR-Strategien und Öffentlichkeitsarbeit im Web 2.0.* Heidelberg: Dpunkt Verlag.

Kreutzer, F. (2000). *Die gesellschaftliche Konstitution des Berufs – Zur Divergenz von formaler und reflexiver Modernisierung in der DDR.* Frankfurt/Main: Campus Verlag.

Kunczik, M. (2002). *Public Relations: Konzepte und Theorien.* Stuttgart: UTB.

Lommatzsch, T. (2008). *Der Social Media Release. Eine neue Form der Online Veröffentlichung und Verbreitung von Nachrichten und Informationen.* Abgerufen am 11.09.2012 von http://www.socialmediapreview.de/SocialMediaReleaseeBook.pdf

Mast, C. (2002). *Unternehmenskommunikation: Ein Leitfaden* (2. Aufl.). Stuttgart: Lucius & Lucius

Mast, C. (2010). *Unternehmenskommunikation: Ein Leitfaden* (4. Aufl.). Stuttgart: Lucius & Lucius

Mayer, H. O. (2009). *Interview und schriftliche Befragung. Entwicklung und Durchführung und Auswertung* (5. Ausg.). München: Oldenbourg Wissenschaftsverlag GmbH.

Mayring, P. (2002). *Einführung in die Qualitative Sozialforschung* (5 Ausg.). Weinheim und Basel: Beltz Verlag.

Mayring, P. (2010). *Qualitative Inhaltsanalyse* (11. Aufl.). Weinheim: Beltz Deutscher Studienverlag.

Merten, K. (1997). PR als Beruf. Anforderungsprofile und Trends für die PR-Ausbildung, *prmagazin,* 28 (1), 43-50.

Merten, K. (2000). *Wörterbuch der Public Relations.* Frankfurt: F.A.Z.-Verlag.

Merten, K. (2006). *Grundlagen der Public Relations. Studienbrief des PR-Ausbildungsinstituts com+plus.* Als Manuskript vervielfältigt. Münster.

Meuser, M., Nagel, U. (1991): ExpertInneninterviews - vielfach erprobt, wenig bedacht. Ein Beitrag zur Methodendiskussion. In D. Garz, K. Kraimer (Hrsg.), *Qualitativ-empirische Sozialforschung. Konzepte, Methoden, Analysen* (S. 441-471). Opladen: Westdeutscher Verlag.

Mikl-Horke, G. (1991). *Industrie- und Arbeitssoziologie.* München; Wien: Oldenbourg.

Nothhaft, H. (2010). *Kommunikationsmanagement als professionelle Organisationspraxis: Theoretische Annäherung auf Grundlage einer teilnehmenden Beobachtungsstudie.* Wiesbaden: VS Verlag für Sozialwissenschaften.

Pflaum, D. & Linxweiler, R. (1998). *Public Relations der Unternehmung.* Landsberg: MI.

PR-Journal (2005). *Der PR-Markt in Deutschland (Zahlen - Daten - Fakten).* Abgerufen am 10.09.2012 von http://www.pr-journal.de/fragen-und-meinungen/autoren-beitraege-themen-der-zeit/1406-der-pr-markt-in-deutschland-zahlen-daten-fakten.html

PR Report (2012). *PR Report Compendium 2012.* Abgerufen am 22.03.2012 von http://prreport.de/fileadmin/dateien/downloads/sonderpublikationen/PR_Report_Compendium_2012.pdf

Röttger, U. (1995). Kommunikationshandeln. Aufgabenfelder. In G. Bentele, R. Fröhlich, P. Szyszka (Hrsg.), *Handbuch der Public Relations. Wissenschaftliche Grundlagen und berufliches Handeln. Mit Lexikon* (S. 69-79). Wiesbaden: VS Verlag.

Röttger, U. (2009). *Theorien der Public Relations. Grundlagen und Perspektiven der PR-Forschung* (2. Aufl.). Wiesbaden: VS Verlag.

Röttger, U., Preusse, J. & Schmitt, J. (2011). *Grundlagen der Public Relations. Eine kommunikationswissenschaftliche Einführung.* Wiesbaden: VS Verlag.

Schildmann, L. (2000). *Generationsunterschiede im Qualifikationsprofil Public Relations* (nicht veröffentlichte Magisterarbeit). Freie Universität Berlin, Deutschland.

Schlippe, B. von, Baerns, B. (1998). *Arbeitsplatz PR. Einstieg, Berufsbilder, Perspektiven. Mit einer Dokumentation der aktuellen PR-Bildungsangebote.* Neuwied: Luchterhand.

Schnell, R., Hill. Paul B. & Esser, E. (2005). *Methoden der empirischen Sozialforschung* (7. Aufl.). München: Oldenbourg.

Schönefeld, L. (1996). *Aktiv umgestaltet – Unternehmenskommunikation bei Hoechst.* Konstanz: UVK.

Schulte, S. (2011). *Qualifikation für Public Relations* (nicht veröffentlichte Dissertation). Universität Münster, Deutschland.

Schultz, F. & Wehmeier, S. (2010). *The Handbook of Communication and Corporate Social Responsibility.* Opladen: Westdeutscher Verlag.

Signitzer, B. (2007). Theorie der Public Relations. In R. Burkart & W. Hömberg (Hrsg.), *Kommunikationstheorien. Ein Textbuch zur Einführung. Studienbücher zur Publizistik- und Kommunikationswissenschaft* (Bd. 8, 4. Aufl., S. 174-173). Wien: Braumüller.

Szyszka, P. (1995). Öffentlichkeitsarbeit und Kompetenz: Probleme und Perspektiven künftiger Bildungsarbeit. In G. Bentele, P. Szyszka (Hrsg.), *PR-Ausbildung in Deutschland. Entwicklung, Bestandsaufnahme und Perspektiven* (S. 317-342). Opladen: VS Verlag.

Szyszka, P., Schütte, D., & Urbahn, K. (2009) *Public Relations in Deutschland. Eine empirische Studie zum Berufsfeld Öffentlichkeitsarbeit*. Konstanz: UVK.

Trautwein, R. (2011). *Public Relations im Kontext von Social Media*. Abgerufen am 19.06.2012 von http://bookboon.com/de/studium/marketing-medien/public-relations-im-kontext-von-social-media

Wallner, E. M. (1979). *Soziologie: Einführung in Grundbegriffe und Probleme*. Heidelberg: Quelle und Meyer.

Wienand, E. (1998). *„Gesucht wird..." – Trends in Kommunikationsberufen. Eine Analyse von Stellenanzeigen 1987-1996*. (Magisterarbeit). Universität Münster, Deutschland.

Wienand, E. (2003): *Public Relations als Beruf: kritische Analyse eines aufstrebenden Kommunikationsberufes*. Wiesbaden: Westdeutscher Verlag.

Zerfaß, A. (1996). *Grundlegung einer Theorie der Unternehmenskommunikation und Public Relations*. Opladen: Westdeutscher Verlag.

Zerfaß, A. (1998). Öffentlichkeitsarbeit mit interaktiven Medien: Grundlagen und Anwendungen. In Krzeminski, M. & Zerfaß, A. (Hrsg.), *Interaktive Unternehmenskommunikation. Internet, Intranet, Datenbanken, Online-Dienste und Business-TV als Bausteine erfolgreicher Öffentlichkeitsarbeit* (S. 29-52). Frankfurt a.M.: IMK.

Zerfaß, A. (2006). *Was bezweckt und bewirkt strategisches Kommunikationsmanagement? Kommunikationsmanagement in Politik und Wirtschaft*. Abgerufen am 18.06.2012 von http://www.communicationmanagement.de/fileadmin/cmgt/PDF_Publikationen_download/Zerfa_-Kommunikationsmanagement.pdf

Zerfaß, A., Verhoeven, P., Tench, R., Moreno, A. & Verčič, D. (2011). *European Communication Monitor 2011*. Abgerufen am 19.04.2012 von http://www.zerfass.de/ecm/ECM2011-Results-ChartVersion.pdf

Zerfaß, A. & Pleil, T. (2012). Strategische Kommunikation in Internet und Social Web. In Zerfaß, A. (Hrsg.), *Handbuch Online-PR*. Konstanz: UVK.

Zerfaß, A., Verhoeven, P., Tench, R., Moreno, A. & Verčič, D. (2012). *European Communication Monitor 2012*. Abgerufen am 10.09.2012 von http://de.slideshare.net/communicationmonitor/european-communication-monitor-ecm-2012-results-chart-version

Zimmermann, G. E. (1995). Arbeit. In B. Schäfers (Hrsg.), *Die Grundbegriffe der Soziologie* (S. 12-18). Opladen: Leske + Budrich.

Anhang

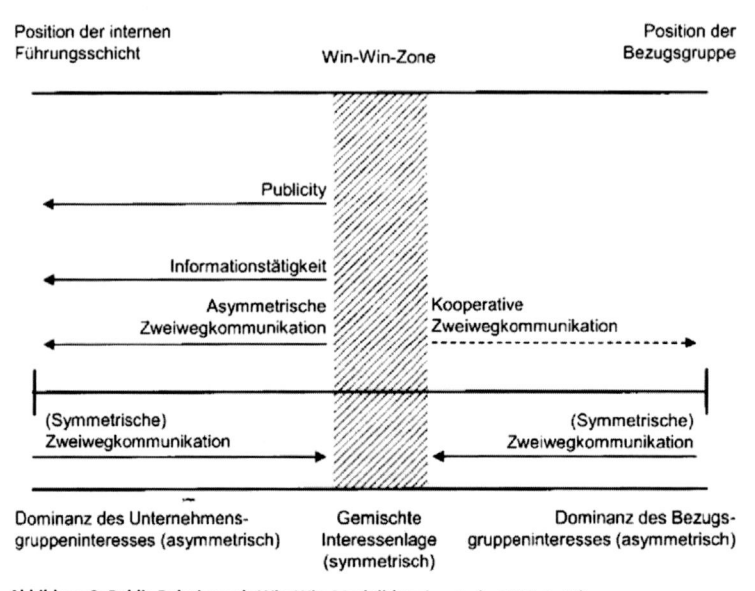

| Position der internen Führungsschicht | Win-Win-Zone | Position der Bezugsgruppe |

← Publicity

← Informationstätigkeit

← Asymmetrische Zweiwegkommunikation | Kooperative Zweiwegkommunikation →

(Symmetrische) Zweiwegkommunikation → ← (Symmetrische) Zweiwegkommunikation

Dominanz des Unternehmensgruppeninteresses (asymmetrisch) | Gemischte Interessenlage (symmetrisch) | Dominanz des Bezugsgruppeninteresses (asymmetrisch)

Abbildung 2: Public Relations als Win-Win-Modell (Dozier et al., 1995, S. 48)

FACHKOMPETENZ ÖFFENTLICHKEITSARBEIT

- Wissen Öffentlichkeitsarbeit
- Kommunikationsplanung
- Wissen Kommunikation
- Kommunikationsproduktion
- Wissen anderer Disziplinen
- kommunikatives Auftreten/Verhalten

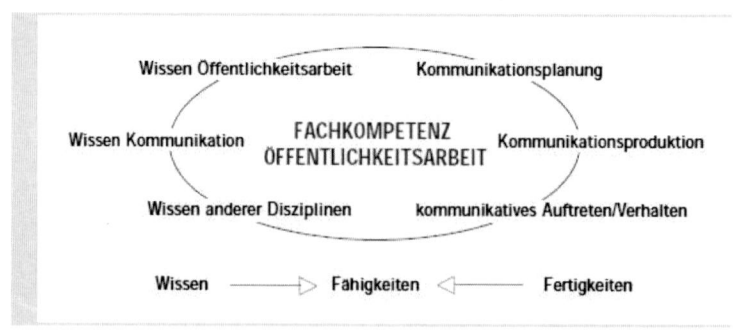

Wissen —▷ Fähigkeiten ◁— Fertigkeiten

Abbildung 3: Qualifikationsprofil Fachkompetenz Öffentlichkeitsarbeit (DPRG, 2005, S. 12)

Aufbau Social Media Release:

(vgl. Bonow, 2009; Defren, 2006)

- Kontaktfeld: alle Ansprechpartner, Pressebeauftragte/r mit sämtlichen Kontaktmöglichkeiten genannt (Email-Adresse, Twitter, Xing, Facebook, Skype, Blog etc.)
- Überschrift: wie in herkömmlichen Pressemitteilungen, relevante Schlagworte für Suchmaschinenoptimierung
- Inhalt: Kernaussage in Form eines kurzen Fließtextes oder mit Aufzählungspunkten
- Zitate: eigener Abschnitt, Zitatgeber und Statement ohne einleitenden Text nacheinander aufgelistet. Auch O-Töne als Audio- oder Videodatei möglich.
- Wichtige Links: weiterführenden Links zum Thema mit aussagekräftigen Benennungen als Service
- Social Bookmarking-Dienste: umfassende weiterführende Linksammlung auf den einschlägigen Social Bookmarking-Diensten, z.B. Studien, weiterführende Artikel oder Grafiken
- Boilerplate: in Kürze das Wichtigste über das Unternehmen
- Tags: Schlagworte für Auffindbarkeit über Suchmaschinen
- Dauerhaft gültige URL: Quellenangabe für Multiplikatoren, die aus der SMR zitieren; verkürzte URL (Bsp: TinyURL) möglich
- Multimediale Inhalte: liegen auf entsprechenden Social Media-Plattformen und werden in der SMR verlinkt
- Trackbacks: An welchen anderen Stellen über das Thema berichtet wird, zeigen die Trackbacks, sofern die SMR als Quelle genannt wird
- Weitere Elemente: Ort- und Zeitangabe, Link zu klassischer Pressemitteilung

Wissensgebiet	1996	2000
Gute Allgemeinbildung	9,0	8,9
Grundlagen der PR	8,6	9,0
Grundlagen der Kommunikationswissenschaft	7,0	7,4
Grundlagen der Journalistik	8,4	8,2
Methoden Markt-/Meinungsforschung	5,3	5,9
Statistik/EDV für Datenauswertung	5,1	4,9
Presserecht	6,4	6,3
Grundlagen der BWL	6,8	6,3
Grundlagen Management	7,5	7,1
Rhetorik/Präsentation	8,5	8,7
Grundlagen Marketing	7,6	7,5
Mediaplanung/-wissen	6,4	6,8
Grundlagen der Werbung	6,6	6,7
Evaluation/Wirkungsforschung/-messung	6,9	6,6
Fremdsprachen	7,8	7,9
Nationales/Internationales Mediensystem	6,8	7,2
Ethik von PR	7,0	7,1
Multimedia/Internet/Neue Medien	7,1	8,9
Fach-/Spezialwissen	-	9,9
Fallzahl	**440**	**275**

Abbildung 4: Gesamtbewertung von Wissensgebieten (Mittelwert) (Wienand, 2003, Seite 245)[11]

---

[11] Skala von 1 (maximal unwichtig) bis 10 (maximal wichtig)

Fertigkeiten	1996	2000
Schreiben von Texten	8,9	9,2
Entwerfen von Konzeptionen	9,1	9,1
Redigieren von Texten	8,6	8,8
Strategien entwickeln	-	9,0
Kunden beraten können	8,7	8,5
Kontakte herstellen können	9,0	9,2
Umgang mit Power Point etc.	7,6	6,8
Umgang mit Internet/Datenbanken etc.	7,2	8,3
Organisationsmanagement	8,8	8,5
Trends erkennen können	8,4	8,5
In Sache schnell hineindenken können	9,2	9,2
Sensibilität für gesellschaftliche Entwicklungen	8,5	8,4
Fallzahl	**440**	**275**

Abbildung 5: Gesamtbewertung der Relevanz von Fertigkeiten/Fähigkeiten (Mittelwerte) (Wienand, 2003, Seite 256)[11]

Persönliche Eigenschaften	1996	2000
Kreativität	8,9	8,9
Intelligenz	9,0	8,7
Biss/Durchsetzungsvermögen	8,1	8,6
Rhetorisches Potential	8,4	8,7
Flexibilität	9,0	9,0
Eine angenehme Stimme	6,2	6,9
Gutes Aussehen	5,5	6,0
Belastbarkeit (Stressresistenz)	9,0	9,0
Humor/Fröhlichkeit	7,7	8,0
Frechheit	4,2	5,0
Ehrlichkeit	8,2	8,2
Fallzahl	**440**	**275**

Abbildung 6: Gesamtbewertung der persönlichen Eigenschaften (Mittelwert) (Wienand, 2003, Seite 264)[11]

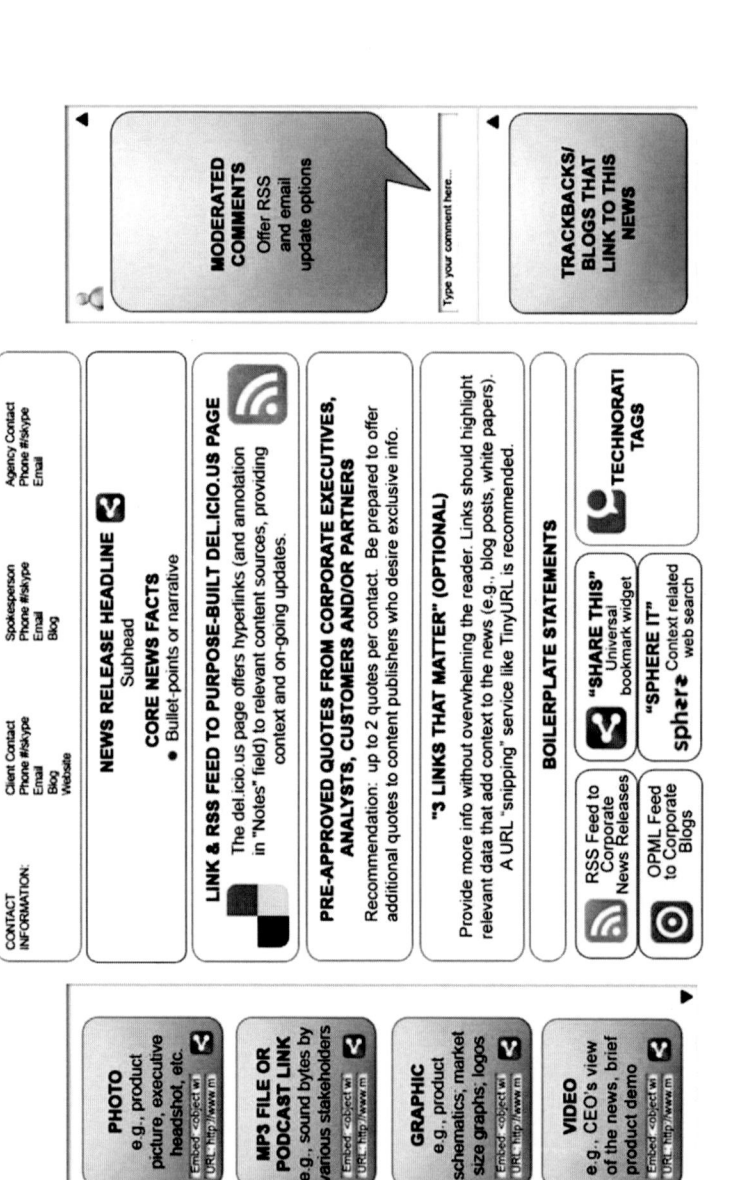

Abbildung 7: Defren, T. (2008): Social Media Release Template, version 1.5.

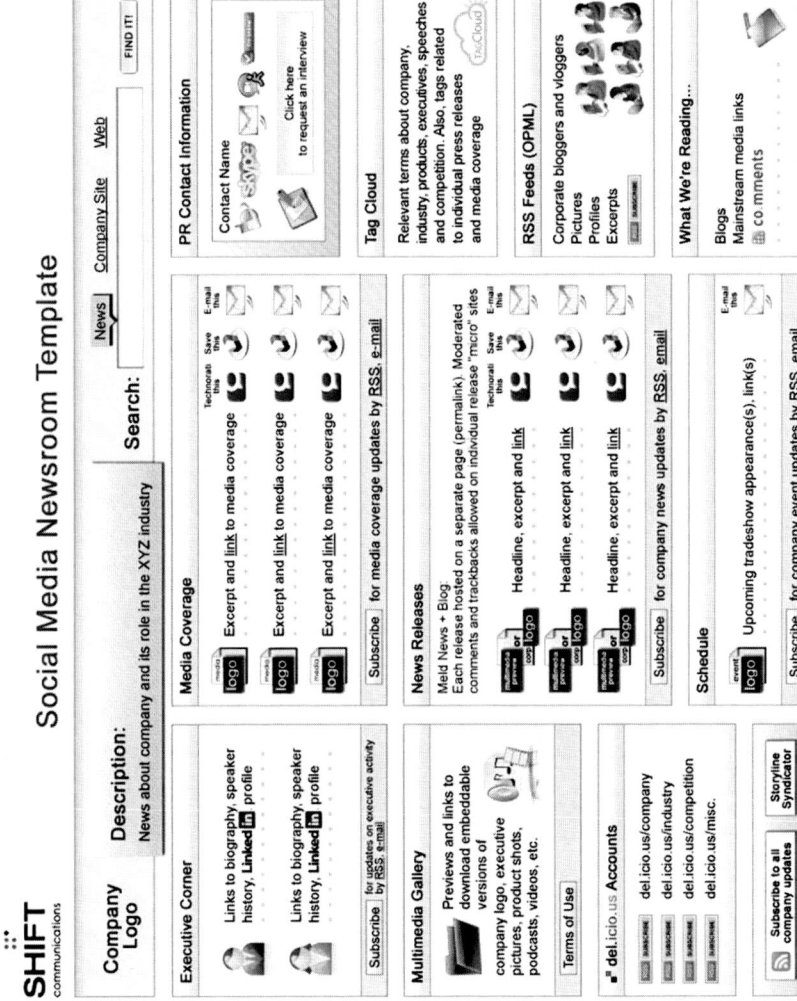

Abbildung 8: Defren, T. (2007): Social Media Newsroom Template

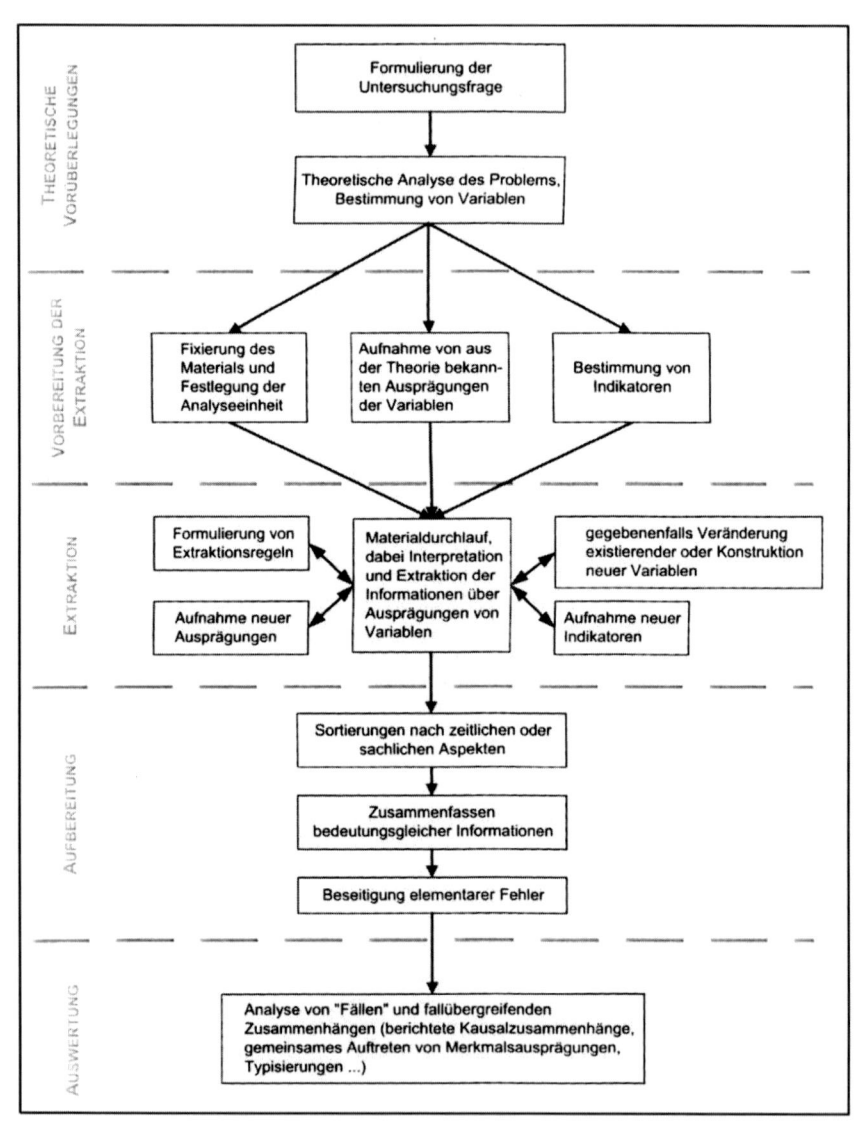

Abbildung 9: Ablauf der qualitativen Inhaltsanalyse nach Gläser & Laudel (2010, S. 203)

Transkriptionsregeln:

- Vollständig und wörtlich transkribieren (Wiederholungen weglassen)
- Begrüßungen und Verabschiedungen sollen nicht in die Transkription mit einfließen und werden vernachlässigt.
- der Inhalt steht im Vordergrund; ‚äh" oder ähnliche Füllwörter können weggelassen werden;
- Dialektfärbungen werden eingedeutscht (weischt = weisst)
- Bei Unklarheiten bitte Punkte machen (......), je nach der Länge dessen, was nicht verstanden wurde
- Bei Pausen, Stockungen u. ä. Gedankenstrich verwenden (-), bei längeren Pausen mehrere Gedankenstriche. Wenn der Grund der Pause ersichtlich ist, ihn bitte in Klammern angeben
- auch andere Auffälligkeiten wie Lachen, Räuspern o. ä. in Klammern angeben.
- alle anderen nonverbalen Merkmale, die zum inhaltlichen Verständnis nötig sind, ebenso in Klammern angeben, z. B.: Interviewte: Mhhh (zustimmend)
- Das Format ist: 60 Anschläge pro Zeile; Zeilenabstand beträgt 1,5, Seitenabstand: 4 links und 3 rechts, Blockabsatz, Schriftart: Calibri
- Wenn der Interviewer eine Frage stellt bzw. redet, bitte das Symbol ‚F" (für Frage) ganz an den Rand, danach Doppelpunkt und ein Leerzeichen.
- Wenn der Interviewte, also der Journalist spricht, bitte den Anfangsbuchstaben abkürzen und den Namen voll ausschreiben, z. B. Hans Meier ‚H. Meier'

Transkriptionszeichen	Bedeutung
Montag kam er ins Krankenhaus	Interviewtext
MONtag kam er ins Krankenhaus	Betonung von Silben durch Großschreibung
Montag kam er (-) ins Krankenhaus	Kurzpause durch (-)
Montag kam er (- -) ins Krankenhaus	längere Pause durch (- -)
Montag kam er ins (…)	Unklarheiten werden durch drei Punkte in Klammern ausgedrückt
Montag kam er ins Krankenhaus (WEINEN)	Kommentare in Klammern und Großbuchstaben
I: #Wann?# A: #Montag# kam er ins Krankenhaus	gleichzeitiges Reden von Interviewer (I) und Bezugsperson (hier: Journalist) markiert durch ein Doppelkreuz (##)

Kategoriensystem

Kategorie		Subkategorie
K 1	Berufsbild	
K 1.1		Persönlichkeitsmerkmale/Schlüsselkompetenzen
K 1.2		Berufszugang
K 2	Qualifikation	
K 2.1		Ausbildung
K 2.2		Weiterbildung
K 2.3		Optimierung/Bringschuld
K 3	Anforderungsprofil an Bewerber	
K 3.1		Persönlichkeitsmerkmale/Schlüsselkompetenzen
K 3.2		Social Media
K 3.3		Content-Produktion/Technik
K 4	Tätigkeit	
K 4.1		Substituierung/Verdrängung
K 4.2		Social Media-Arbeit
K 5	Social-Media-Entwicklung	
K 5.1		Beruflich/Agentur
K 5.2		Privat

Florian Schwarz

Unternehmenskommunikation im Social Web erfolgreich gestalten

Wie Social Media Marketing erfolgreich als Kommunikationsinstrument eingesetzt werden kann

Diplomica 2013 / 84 Seiten / 39,99 Euro

ISBN 978-3-8428-9524-9
EAN 9783842895249

Das vorliegende Buch zeigt, wie Unternehmen erfolgreich in das Social Media Marketing einsteigen können und welche Anwendungsmöglichkeiten sich daraus ergeben. Dafür werden zunächst alle für dieses Buch relevanten Begriffe definiert und ein Überblick über die aktuellen Entwicklungen und das Nutzerverhalten auf Social Media Plattformen gegeben. Darüber hinaus wird erläutert, wie sich Unternehmen Ziele für ihr Social Media Marketing ableiten können. Anschließend folgt eine Untersuchung der einzelnen Social Media Instrumente. Dabei wird im Besonderen auf die markenbezogene Nutzung der Instrumente sowie die relevanten Erfolgsdeterminanten eingegangen. Alle im Buch angesprochenen Aspekte werden mit anschaulichen Praxisbeispielen hinterlegt. Abschließend erfolgt eine kritische Betrachtung von unternehmerischen Gefahren die durch die Anwendung des Social Media Marketing auftreten können.

Robert Waxenegger

Social Media in projektorientierten Unternehmen

Eine Analyse der Einsatzmöglichkeiten von Social Media Anwendungen in Beratungsunternehmen

Diplomica 2013 / 144 Seiten / 44,99 Euro

ISBN 978-3-8428-9582-9
EAN 9783842895829

Das vorliegende Buch erläutert Social Media und deren Anwendungsmöglichkeiten anhand der Beratungsbranche. Es soll festgestellt werden, in wieweit die momentane Implementierung von Social Media Anwendungen in projektorientierten Unternehmen und insbesondere in Beratungsunternehmen vorangeschritten ist. Diese Thematik ist aber noch relativ neu und oftmals befinden sich Unternehmen noch in der Anfangsphase. Daher ist die Herausforderung der Studie, den aktuellen Status der tatsächlichen, beziehungsweise möglichen Anwendung von Social Media aufzuzeigen und deren Potential zu erläutern. Es werden Einsatzmöglichkeiten und die damit verbundenen Schwierigkeiten beschrieben. Am Ende soll sich erweisen, wie sehr Social Media zum Unternehmenserfolg von Beratungsunternehmen mitwirkt und wie sehr eine differenzierte Social Media Strategie für eine effektive Kommunikation notwendig ist. Es werden die drei großen Themenpunkte projektorientiertes Unternehmen, Beratungsunternehmen und Social Media miteinander verknüpft, um zukunftsorientierte Erkenntnisse zu erlangen.